巴黎与圣彼得堡
三百年罗曼史

PARIS—SAINT-PÉTERSBOURG
UNE GRANDE HISTOIRE D' AMOUR

〔法〕弗拉基米尔·费多洛夫斯基 著　　马振骋 译

東方出版中心

前　言

在圣彼得堡圣诞节的冰天雪地中，闭门隐居、下挑战书、策马飞奔……基辅的安娜、彼得大帝、叶卡捷琳娜二世、伏尔泰、狄德罗、卡格里奥斯特罗、约瑟夫·德·梅斯特、黎塞留、拿破仑、亚历山大一世、屠格涅夫、大仲马、马蒂斯、佳吉列夫、艾吕雅、科克托、嘉拉、阿拉贡……大冒险家、工于心计的政治家、热恋的情人或绝望的艺术家，这部法俄罗曼史的主角都在这座历史舞台上，就像在意大利剧院里列队前进。

最初的热情是1054年由基辅的安娜燃起的，她是基辅大公智者雅罗斯拉夫的女儿，在兰斯与法国卡佩王朝第三位国王亨利一世成婚。虽然以后没有其他王室婚礼，这份激情也延续了几个世纪，只是18世纪初，彼得大帝有意要把他的女儿、后来的女沙皇伊丽莎白嫁给路易十五为妻，但没有成功。第二次那是拿破仑在19世纪初与亚历山大一世沙皇的妹妹的婚姻，也没有谈成——不然会引起多么剧烈的地理政治大变动！

这种相互的吸引力，如同杰出的女诗人玛丽娜·茨维塔耶娃所解释的，建立在一些很明确的道理上。“我们到法国不是来索取，而是来给予。如果说我们那么相爱，这是因为我们不同，可以互相补充。”

目　录

“我们到法国不是来索取，而是来给予。

如果说我们那么相爱，这是因为我们不同，可以互相补充。”

——〔俄〕玛丽娜·茨维塔耶娃

彼得大帝的法国人

直至18世纪初,法国与俄罗斯的关系一直时断时续,充满偶然性,这里面有地理与历史上的许多原因。首先是被两道巨墙阻隔,那是德国与波兰的疆域,并排横贯在欧洲中央,还有两片大海,波罗的海和地中海。另一个疏远的原因是民族心理方面的。事实上,俄国人带着疑惧观察着西方,认为自己的国家是一座被围困的城堡,东面是鞑靼人,西面是条顿骑士团①。18世纪初期,法国人与俄罗斯人终于第一次认真进行了了解。彼得大帝是向法国天才敬礼的第一人。他登位一开始就表示要访问巴黎的意向,但是路易十四对他抱敌视态度,直到路易十四驾崩以后才实现。圣西蒙说:"1717年,莫斯科沙皇大驾光临,对朝廷与首都都是一件大事,犹如明天天之子要来敲门似的。"

---

① 整个17世纪,只知道一些零星的接触,主要是沙皇与几名巴黎商人在1587年签订的一份合约。流传至今的只是商人米歇尔·穆什隆和医生保尔·西达坦的名字,皮埃尔·德·拉、维尔和玛吉莱的冒险家事迹。在这个遥远的国家发生内战时,最后两位无疑与他们的许多同胞混淆不清,玛吉莱受亨利四世的邀请,出版了他的《俄罗斯帝国现状》。德埃在1629年到莫斯科,他的任务主要涉及法国商业利益。

在六周访问期间，彼得参观议会、法兰西学院、戈布林制造厂、天文台、植物园、铸币局。一切都激起他的好奇心，一切都使他感到兴趣。法兰西科学院全体出席欢迎他，还请封特奈尔向他致颂词。

如果说这位沙皇很快了解法国天才的长处，他也看出这个国家潜在的危险。有人听到他说出这句遐迩闻名的实话："法国将毁于奢侈逸乐。"这位巨人表面乡里乡气，心里还真藏着拜占庭时代希腊人的精明。

俄罗斯大国王会讲法语，但是他认为维持尊严要使用翻译。那些有王室血统的亲王与公主并不吸引他的注意，可是对年轻的路易十五则屡屡表现一种真正的好感。他不把路易十四的宠姬德·曼特侬夫人看在眼里，然而却去黎塞留红衣主教陵墓前恭恭敬敬致哀。

这位惊世骇俗的沙皇迅速征募了他最初一批法国合作者，还把维尔波亚带了回国，他是放逐在荷兰的布列塔尼家庭的幼子，在那里的一艘船上当低级军官。他们两人完全出于偶然在荷兰至英国的水路上相遇的。一场连续三天的大风暴摇晃着船只，只是维尔波亚保持了冷静才不致沉没。这时一个陌生水手过来拥抱他，还对他赞不绝口，问他是否愿意当他的副官和未来舰队的海军上将，不用说他是多么惊讶的了！沙皇亮出自己的身份，维尔波亚欣然接受这个意料不到的延聘。这人正直勇敢，对于这位爱走极端的沙皇确是一位可贵的随从。在一次酒宴上，他竟敢在女沙皇面前狠狠羞辱彼得，但是他得到了宽宥，"由于他的卓著勋劳"，一生甚得皇家的宠幸。全因是彼得大帝，这部法国故事才得以写出最初几页。

沙皇不但热爱美轮美奂的法国建筑，也喜欢赏心悦目的法国装饰，试图延揽几位艺术家留在身边，重金礼聘建筑师勒布隆。不是因为他建议把那个新兴的城区全面推倒，重新建造一座理想的城市，要用他来参加圣彼得堡建设工程，而是建造彼得霍夫，这是凡尔赛宫的巧妙翻版，布置山川瀑布，笔直的马车道，还有一座名为玛尔丽的楼阁①。

法国人的才智在18世纪通过号召得到成功的模仿与复制，可还是遇到了德国人的竞争。

彼得大帝在1725年驾崩，他的女儿伊丽莎白在1741年接位，这期间俄罗斯前后有四位君主当政。叶卡捷琳娜一世（1684～1727）在丈夫彼得逝世后登上王位。接着是阿列克谢的儿子，也就是彼得的孙子彼得二世，十一岁时接班。他把宫廷迁到莫斯科三年后就去世了。安娜·伊凡诺芙娃，二沙皇之一的伊凡五世的女儿，事实上把帝国交给了德国人。她的外甥伊凡六世继承王位，实际掌权的是女沙皇的情人比伦（Biren）。他是拉脱维亚古朗特区农民的儿子，为了保持自己的地位，僭用法国元帅比隆（Biron）的姓氏与族徽，编了一些想入非非的故事跟这个家族攀亲。然而，关于这个遥远的法国的任何事物，都会是俄罗斯精英本能的好奇或崇拜的对象。彼得大帝的第二个女儿伊丽莎白象征了这种亲法的感情。还在童年时代，家人

① 一批法国工匠也听了种种许诺被招聘了过去。甚至在巴黎当地组织一支招工队，包括二百户人家。其中一部分人得到摄政王（奥尔良公爵）的同意，另一部分人还是小心隐匿了自己的姓名与职业。

就为她向夏尔特尔公爵，后来又向路易十五提过亲。她的思想是阅读法国文学培养而成的。

1839年，她依然待字闺中。有几个美少年慰藉她的寂寞，目前她对法国大使产生极大的信任。

那时期，伊丽莎白是位二十八岁风韵十足的少妇。她充满堪与父母相比的活力。一头栗色秀发，一口漂亮牙齿，娇艳的嘴唇，会说话的蓝眼睛。她喜爱节庆活动和化装舞会（比如说，她欣赏穿女装的男子和穿男装的女子。看到那些年老的大臣，胳膊和腿肚上长满了毛，还扮牧羊女或仙女，把她乐得什么似的）。然而，法国大使拉歇塔尔蒂善解人意，组织豪华的庆典，受到圣彼得堡上流社会啧啧称道。

在涅瓦河的岸边晚会通宵达旦，这两个年轻人结成"温情的友谊"也就不足为奇了。

拉歇塔尔蒂侯爵1739年12月到俄罗斯，时年三十四岁，随从中有十二名秘书，六名厨师，五十名扈从和侍仆，还不忘带了他的芭蕾教师，他将主导舞会，给未来的女沙皇上舞蹈课。他是个典型的18世纪人物，轻浮浅薄，时而是军官，时而是外交官，但一辈子主要还是个卖弄文才、八面玲珑的花花公子。他生活奢侈，说话举止恰如其分，性情豪放，在沙皇的首都很快获得了毋庸置疑的威望。

驻俄罗斯大使在当时还不是一个显赫的职位，这位英俊的侯爵还是因为在凡尔赛宫干了几桩糊涂事，对亲王的情妇太过关心，才被派驻到圣彼得堡，过上金色的流放生活。他到俄罗斯履新，向凡尔赛宫要求给他调拨十万瓶上好的法国特色葡萄酒,要用烹饪法术来镇住圣彼得堡人。这些珍贵的美酒佳肴不久就在官方宴席中,把匈牙利托卡依葡萄烧酒比了下去,跟伏特加同样受人欢迎。

大使、女沙皇和江湖医生

18 世纪中叶,奥斯曼帝国、瑞典和波兰都在凡尔赛宫找到坚强的后盾来对付俄罗斯。在欧洲,局势紧张,大家都在寻找同盟者。法国被认为是大陆上的大国,英国竭尽全力要与它争夺霸权。安娜女皇(1730~1740)不思改变谋臣的亲普鲁士外交政策,这使拉歇塔尔蒂侯爵大为慌张。彼得大帝的女儿伊丽莎白,素以亲法闻名,受到怀疑和监视,离开宫廷到莫斯科居住。安娜女皇没有孩子,把外甥女安娜·莱奥波多芙娜和她的丈夫不伦瑞克-吕讷堡亲王召到身边,后来还把他们的儿子宣布为王储。1740 年 10 月 28 日,她过世,让她的情人比隆当摄政。19 世纪,一位著名的历史学家克里乌切夫斯基是这样归纳这个时代的:“这是我国历史上最黑暗的一页,但是这黑暗的一页上最黑的污点是这位女皇本人……”

沙皇年仅九个月,摄政又是个德国人,俄罗斯真是交上了厄运。但是比隆在位没有多久,9 月 9 日早晨,他遭到逮捕,又被判终身流放西伯利亚。故女皇的外甥女随即做摄政。她并不因而受人欢迎,因为她继续依靠“亲德派”。此外,摄政女皇获知法国大使跟女大公伊丽莎白关系密切,向他表示公开的敌意。

从那时起,法国外交官的任务好像受到很大连累,对拉歇塔尔蒂来说,必须紧急行动。尽管摄政女皇监视伊丽莎白愈来愈严密,老百姓与皇家禁卫军对彼得大帝的这个女儿不断地表示他们的同情心。

唯有18世纪保持着这类宫阙密谋。放磁者、术士、跟女沙皇的销魂夜、隧道幽会。剑侠小说中的--切元素在这里一样不少。

拉歇塔尔蒂在这个事件中的主要同盟,是一个叫莱斯托克的人。这位有法德血统的胡格诺还是在18世纪初彼得大帝时期来到俄罗斯的。他是江湖郎中、外科医士、放磁者和招魂巫师,很快得到了伊丽莎白的信任。他是个真正的冒险家,热爱"放荡无行的女人"、赌博游戏、葡萄佳酿与烈酒;"他的债务远远超过他的收入"。在拉歇塔尔蒂这一伙靠招摇撞骗的狐群狗党中,还可以举出法国龙骑兵军官瓦尔克拉桑,他被一位同胞告发而关进了施吕塞尔堡;演员莫朗贝尔,有真才实学,可以指点迷津;医生普安索尼埃,受路易十五派遣来给女沙皇看病,无疑在诊病开方子之间也会捎上几条秘密口信。这个小集团中莱斯托克最为活跃,几次试图说服女大公离开她在莫斯科的隐退之地都不见效。彼得大帝的女儿为人聪敏,但是生性懒散,也不思搞阴谋诡计。但是女摄政的怀疑,警探的监视步步进逼,再加上她的皇家津贴也大大缩水,终于促使她采取行动。

为了更好策划阴谋,必须首先消除任何怀疑。法国大使暂时离开圣彼得堡,跟俄罗斯宫廷保持若干距离。伊丽莎白不顾一切风险,裹了厚厚的裘皮大衣,趁黑夜秘密登上一艘船与他相会。

尽管预防措施做得小心周到，女摄政还是风闻他们的接触。1741年11月22日，她敦促伊丽莎白把莱斯托克赶走，与法国大使断绝任何关系。事态严重，但是彼得大帝的女儿这时懂得显示她的强烈性格。

女大公跟女摄政经过一番激烈的抗辩后，由莱斯托克陪同，直接来到帝国禁卫军的军营。在那里她要这些彪形大汉记住她的正统地位是来自谁的，并得到他们的全面响应去完成她的事业。拉歇塔尔蒂异常精明，早已采取措施，事前分发了大量法国葡萄酒犒劳俄罗斯军人。未来的女皇答应赦免所有的死刑犯，率领部队，在深夜里向女摄政的皇宫走去。月亮也乐观其成，奇异地躲着不见出现。

当伊丽莎白走进女摄政的房间，看到她正与闺中知友伊乌拉·孟格登相伴，她说："我的小姐姐，该是您起身的时间了。"安娜起来，平静地投降。她只是要求不要把她与女友隔离。她的丈夫在军部遭到逮捕，他自从失宠以后平时就睡在那里。伊丽莎白立即去寻找小伊凡六世。这个可怜的孩子，十五个月时被赶下台，自后活了二十二年，一直过着不见天日的生活。

从那时起，法国语言与生活方式继前几任帝王的亲德时期之后，在俄罗斯发扬光大。

这场宫廷政变成功后，鼓动者都得到女皇重赏。莱斯托克封伯爵，拉歇塔尔蒂被授予圣安德烈勋章，得到为数不小的一百五十万里尔。12月28日，伊丽莎白给路易十五国王写信，表达她希望加强两国王朝的友谊，并强调拉歇塔尔蒂和莱斯托克在这些事件中的作用。

法国大使的地位还是颇为微妙。他在个人与政治方面受到许多限制,走在流沙上往前进。还不要忘记的是他不是女皇唯一恩宠的人。根据她这个世纪的历来做法,伊丽莎白善于在她的感情、她的情欲与国家利益之间聪明地画上分界线。拉歇塔尔蒂即使在最得宠的时机,也不是一人独享。宠臣中有阿列克谢·拉佐莫夫斯基。1742年,他成了伊丽莎白的平民丈夫。这位乌克兰魁梧汉子,以嗓音出众而引人注目,属于皇家礼拜堂合唱团成员(那是1731年他二十三岁)。伊丽莎白在宗教仪式中注意到他,疯狂地爱上了,直到死也是痴情不改。这人跟拉歇塔尔蒂不同,是个明白人,知道做事有分寸,避开国家大事,对女沙皇的水性杨花假装不知道!做到了这一点,他才能太平无事地在帝国宫廷里立于不败之地,当陆军元帅,日耳曼神圣罗马帝国的伯爵,他把自己的野心限于为自己的家庭、亲友或他出生的乌克兰国内那些人谋利①。

1742年3月,在阴谋迭出的背景下,拉歇塔尔蒂随了伊丽莎白到克里姆林宫行加冕礼,继续时时向女沙皇表示矢志不移。他始终忠于自己的政府,然而也试图缓解凡尔赛宫的反俄情绪。法国大使甚至还敢向法国的同盟瑞典人进言,推迟对沙皇军队的进攻。可是,瑞典人对法国外交官们的做法莫明其妙,因为凡尔赛宫派往斯德哥尔摩的特使,提出的意见跟拉歇塔尔蒂完全是背道而驰的。斯堪的纳维亚将军不知怎么理解,在法国驻瑞典大使面前抱怨拉歇塔尔蒂提

① 拉歇塔尔蒂在1742年7月12日的那封信里,详细叙述了这个人的历史,由此可见他对英俊的歌唱家与女皇的关系并不是不知道。

供截然不同的情况。俄罗斯大臣们尤其是未来的副首相贝斯托也夫-里乌米纳,不停地强调侯爵的态度暧昧不清。在这番政治与情感的纠葛中,他在凡尔赛宫人与俄罗斯官员眼里两头不讨好。就在他抵达莫斯科的第二天,他一直春风得意的仕途暗淡下来。女皇从此回避他,以各种理由不接见他。

发生什么事了呢?侯爵好像忘了俄罗斯人的两大特点:掌握语言与精通数学。那时,有一位天才数学家,叫什么哥德巴赫,效力于女沙皇的副首相,成功地破译了重要的外交信函。

第一份截获的信函是大使的顶头上司法国外交部长阿默洛,寄给法国驻君士坦丁堡大使卡斯特兰伯爵的。信中表示了这样的意思,伊丽莎白接位必然"使俄罗斯走入没落",奥斯曼帝国应该利用这一时机,联合瑞典共同行动夺取优势地位。这封密札当然呈递给了俄罗斯女皇……

拉歇塔尔蒂不知道自己失宠的理由,心头火起,在一次蒙面舞会上丢尽了颜面。英俊的大使竟然想在女皇面前"挡道",跟她"大闹一场",怒斥她忘恩负义,还说他不久就要离去:"两个月后,我想不会再在朝廷侍奉。然而当陛下与我相隔千山万水,那时她才会发现——这也是我唯一的安慰——自己为一些佞臣而牺牲了对她忠心耿耿的人。"(1742 年 5 月 15 日写入他给阿默洛的信中。)

女沙皇那时候竭力笑着安抚他,说这是误会,但是不愿在舞会的热闹声中谈政治。接着几天,大使都在等待一个鼓舞人心的信号,但是枉然。

不久，法俄两国的政治纠纷，再加上个人感情的伤害，最终毁了这位宠臣的仕途。拉歇塔尔蒂侯爵觉得自己输定了，在敌对的外交使团中陷于孤立，估计自己的地位已无法维持，主动要求凡尔赛宫把他召回。

可是，女沙皇的态度又有了改变，使侯爵后悔自己的决心。在这位年轻的女皇眼里，拉歇塔尔蒂身上有两面，她也时而用两种不同的态度对待。一方面，他风流倜傥，能说会道，叫她非常喜欢；一方面又是令她难堪的外交官。

一次与女皇单独进食时，法国大使下决心孤注一掷，玩一玩外交感情这张牌，把“他对女沙皇的爱情”供奉在他的事业祭台上。拉歇塔尔蒂肯定他能够给伊丽莎白与萨克森元帅做媒，邀请后者到莫斯科来。这位英武的元帅正在布拉格，率领法国军队进攻奥地利，动身到了俄罗斯，1742 年 6 月 10 日晚上直接进入了法国驻俄大使馆。那里有一场无聊的庆祝晚会正等待着他。第二天早晨，莫里斯·德·萨克森出现在伊丽莎白面前，晚上舞会时，女沙皇让英俊的元帅有幸跟她跳第二个四组舞曲。6 月 13 日，在法国大使馆跟拉歇塔尔蒂和莱斯托克共进晚餐时，伊丽莎白显得更加殷勤周到，肯定是觉得这位萨克森伯爵魅力十足。6 月 18 日夜里，在一次“很晚结束的”招待会后，女沙皇容光焕发，穿得袒胸露肩，在倾盆大雨下由莫里斯·德·萨克森和拉歇塔尔蒂陪同上克里姆林宫去。

女沙皇命人打开珍宝室，让他们欣赏权杖、帝后们的冠冕。这些参观者饱览一番以后，又坐上马车到法国大使馆大吃大喝，直至清晨六点钟才罢休。这一次，拉歇塔尔蒂又以为自己能够化险为夷。但是这样的好事没有出现，因为萨克森元帅7月4日离开回军队去了。这次又遭失败以后，拉歇塔尔蒂只得悻悻离开俄罗斯。

伊丽莎白在他离去之前，邀请他随她去圣谢尔盖圣三一大修道院朝圣。

朝圣当然要步行而去。那是夏天，伊丽莎白宁愿日落时出发，好借黑夜的凉意。对于法国"香客"来说是一场严峻的考验，他被迫跟着激情满怀的女沙皇大踏步前进！她走了二十八公里才停下。但是香客们来到的是荒林野地，供休息的小屋都没有收拾，不得不用马车又把大家都带回莫斯科。第二天，再在香客停步不前的地方重新步行。那几天在帐篷或旅舍里过夜真是美妙得很。女沙皇的俄罗斯宠臣也参加朝拜，知道自己不要太碍事。走近圣地时，伊丽莎白甚至表现出快乐、高兴，还充满温情。

可是，拉歇塔尔蒂却遭遇一场虚惊。他在路上获知他的朝圣女伴收到德·莫那斯特罗尔夫人（法国大使的母亲）的一封信，她在信中要求救济，他的亲生母亲行乞来了。糟糕透顶！伊丽莎白安慰他，同意给年金，还劝他，说她自己也有家庭，也有许多要操心的事……朝圣队伍终于到了大修道院，院内有带洋葱形鎏金圆顶钟楼的教堂，人数众多的教士，巨大的图书馆，为皇室扈从准备了舒适的房间①。

① 马特菲尔德详细叙述了这次场面浩大的朝圣活动后，假惺惺地，同时又有点忐忑不安地说到拉歇塔尔蒂善于钻营："可爱的高卢人（指拉歇塔尔蒂）听了希波克拉底（指女沙皇的御医莱斯托克）的劝告，注意到女皇尽管表面装得冷淡，还是原谅了他的鲁莽行为，再一次试图邀宠，不久又巩固了自己的地位。"

拉歇塔尔蒂趁外国外交官感到失望之际，巧妙利用他在伊丽莎白身边的影响延迟他的回国。但是没有产生效果。离开一事势在必行，因为顶替他职务的代办开始显出不耐烦了，侯爵给他的班底下了命令。离开莫斯科之前，他去克里姆林宫向女皇告辞，女皇把圣安德烈勋章交给他，并送上一只豪华精致的鼻烟盒，盖上是圣三一大修道院可爱的朝圣女的肖像，盒内是一枚贵重的戒指。

1742 年 9 月初，拉歇塔尔蒂坐在马车里，从莫斯科途经圣彼得堡、柏林、法兰克福回法国的途中，尽有时间去思考和回忆他在俄罗斯的沧桑岁月……

他刚到法国不久，国王就收到女沙皇的一封信，要求他把他的大使重新派来。这样侯爵在第二年又走上回头路。但是第二个任期历时很短，使拉歇塔尔蒂受尽屈辱。他的朋友背叛他，他的强有力的敌人围攻他，女皇虽然希望他回来却怠慢他，侯爵灰心丧气，感觉孤立无援。他不知道这期间俄国人把他上呈法国国王的信函都破了密，译了出来。他的敌人忙不迭地让伊丽莎白看"这包炸药"。

"这真是天赐良机，"他给凡尔赛宫的信上说，"她这人不专心，一遇到谈论正事就惊恐万状。她虚荣、轻浮、行为不检、软弱和粗心大意，无法参与任何严肃的商谈。"这几句多余的话不久成了他的致命伤，完全断送了他的外交生涯。女沙皇气得花容失色，还是看到自己很符合大使的品味，"虽然她臀部长得像波兰厨娘……"对他们的亲密关系说得这么放肆，叫她无法原谅。

事实上，侯爵已再也引不起她的兴趣。

1744年6月初在克里姆林宫的一场舞会上，伊丽莎白跳了一支小步舞曲后，穿过大厅去看讨人欢喜、才情出众的英国代表泰洛里爵士。她跟他还没说上两句话，拉歇塔尔蒂侯爵就插了进来。她立即像箭似的离开，躲入她的小室，再也不出来。

第二天，女皇又去圣谢尔盖圣三一大修道院朝圣。伊丽莎白离开后五天内太平无事，1744年6月17日夜里，当拉歇塔尔蒂走在回家路上，秘密的内府长官截住他，告知他从此以后是不受欢迎的人。侯爵起初对什么都一口否认，有人把他自己写的密函念上几个片断给他听，才不得已同意离开俄罗斯。他由六名精兵和一名少尉护送，在诺夫哥罗德接到命令，交出有女沙皇肖像的鼻烟盒和圣安德烈十字勋章。他试图反抗，并给扈从中十六个法国人发了武器，但收到凡尔赛宫的命令，要他放弃，别让事态恶化。命运全面逆转。这位原本可能成为俄罗斯大帝国的宠臣，甚至主人的人，动身去了意大利前线，然后又当上驻都灵大使，重新开拓他的外交生涯。他习性不改，要勾搭撒丁国王的情妇，又一次被宣布为不受欢迎的人。凡尔赛宫的坏孩子1758年在人们的遗忘中死去。至于女皇则对法国一直保持一定程度的温情。

我经常有机会前去他在夏朗德的中世纪城堡，目前的主人吕西安·蒂塞精心保存这位著名外交家的纪念物。他喜欢重复侯爵最后说的那些话："我凝望我亲爱的夏朗德的风景，就想起俄罗斯洁白无瑕的冰雪。当然我没有当上沙皇，但是伊丽莎白始终是我心中的女皇……"

真相藏在哪里呢？藏在他呈给国王的奏折还是在他最后的几句话里？不管怎样，这些话使我对这位法国花花公子由此有了体谅，他以自己的生平封存了我们这部法俄故事的这个主要章节。

拉歇塔尔蒂的失宠，还是引起了法俄关系的恶化。凡尔赛宫在圣彼得堡再也没有外交代表，不得不使用密探，其中有著名的埃翁骑士。根据传说，他男扮女装，潜入内宫，得到女皇的信任。虽说这段绘声绘色的故事不符合历史真实，埃翁确是凡尔赛宫派往圣彼得堡的秘密使节，公开身份是苏格兰人道格拉斯的秘书。从 1756 年 8 月起，埃翁骑士成功地跟女皇进行了直接的接触，促成法国与俄国建立外交关系。

一位名叫米歇尔的诺曼底商人，还把他的办公室借给来自凡尔赛宫的秘密人员使用。他好像也曾试图促成英吉利海峡与波罗的海的商业贸易正常化，为自己谋利。

伊丽莎白与叶卡捷琳娜二世时代在俄罗斯的法国人

路易十五长期以来敌视俄罗斯，因为在波兰王位继承战争(1733～1735)中，奥俄同盟获胜，把他的岳父斯坦尼斯拉斯·列琴斯基赶下了王位，并在法国南希避难。法国国王在那时宣称："一切能使俄国陷入混乱、回到黑暗的东西，都符合我的利益。"

在这种思想支配下，"国王的秘密"这个法国谍报机关分发一份伪文件，说成是彼得大帝的遗诏。文件内容具有的预见性，即使在今天看来也令人目瞪口呆。里面有一段关于现代地理政治的中心主题，简直跟俄罗斯试图通过欧洲去实现，而其他国家又试图去阻遏的地理政治，没什么两样：

"要俄罗斯国家保持永久战争状态，为了让士兵得到磨炼，没有喘息的机会，只有为了改善国家的财政状况时才让他们休整……这样做到和平为战争服务，战争为和平服务，有利于俄罗斯逐渐扩展与繁荣……借一切机会参加欧洲的任何事务与纷争，尤其是德国的事务与纷争，这个国家距离更近，利益牵涉也更直接……瓜分波兰……分裂这个国家……尽可能榨取瑞典，为此目的要孤立它……宁可跟英国结盟发展商业……尽可能接近君士坦丁堡和印度……一旦达到这个目的就可以不依靠英国的黄金……把四分五裂或教派林立的希腊人全都争取和团结在自己周围……利用圣职的忠诚或霸权首先建立全球优势……瑞典肢解，波斯征服，波兰称臣，土耳其占领，我们的军队团结一致，黑海和波罗的海由我们的属国看守，那时应该分别地和绝密地，首先向凡尔赛宫然后向维也纳宫廷建议分割宇宙帝国……若其中一个接受——这是必然的——利用它去摧毁另一个，然后再去摧毁剩下的那个，跟它进行毫不含糊的斗争……这样能够和应该使欧洲臣服了！”

这个文件无疑启发了19世纪的战略思想，尤其是在俄罗斯地理学会所属的学术团体，其中许多会员都是来自波罗的海各省的俄罗斯-日耳曼人。塞缪诺夫是该会的第二副主席和主要意识形态理论家，他在1855年克里米亚战争时期，就把它定为帝国的“全球任务”：“俄罗斯得到上帝的遴选委为东方与西方的中间人，在东方帝国首都君士坦丁堡接受基督教信仰，青少年时代在亚洲各部落中间作为人质，依靠彼得大帝的天聪隽智而今处于欧洲发展的中心地带，俄罗斯同时属于世界的东西方。”

然而还是应该看到使法国与俄罗斯这两个国家走近的一些姿态。

1745 年,在前一年当上外交部长的勒内-路易·达尚松,委托“他的朋友伏尔泰”给伊丽莎白女沙皇写信。伏尔泰利用起草这份外交信函的时际,提到他已是伦敦、爱丁堡、柏林和博洛尼亚各学院的院士,也乐意接受成为圣彼得堡学院院士的荣誉。他还说:“我歌颂过英国的伊丽莎白女王,而今陛下风华绝代,还在其他美德上俱不逊于她,我还有什么不能说的呢?几年前我写出《查理十二的历史》一书,依据的回忆录内容甚好,但是有几处错误……我现有的回忆录更为翔实……我的计划是把它们融合在一部彼得大帝的历史书中。我的思想方式使我更倾向于这位皇帝,而不是那位瑞典国王。彼得大帝是一位立法者,他建立了几座城市——我还敢说——还建立了他的帝国。查理十二几乎摧毁了自己的王国。他是伟大的军人,但是我相信另一位是更伟大的人。”

在这番动听的赞辞后,伏尔泰当选上了俄罗斯科学院院士。但是因为历史书的约稿迟迟不来,伏尔泰(在 1748 年)撰写《沙皇轶事》,他在书里可以自由表述自己的思想:“令我惊讶的是,像彼得沙皇那样的人出生在莫斯科以前,人类应该很少有期望。这点完全可以打赌的,那就是俄罗斯自古以来有多少人,就有多少人反对国家统一;任何俄罗斯人都不生来有跟自己的民族天资完全相反的天资;还可以打赌的是,那时的俄罗斯约有一千六百万人口,那就有一千六百万比一的机会,不让这份自然之赐落到沙皇头上。然而这样的事却发生了。”这些话对俄罗斯民族来说不怎么动听,比如与孟德斯鸠的看法也相去甚远。伏尔泰还说:“这是事实,依靠彼得一人之力,俄罗斯人在不到五十年时间内对一切艺术都已熟识于心①。”

在《彼得大帝治下的俄罗斯帝国史》完成前不久，叶卡捷琳娜二世在1762年6月28日，借助一次军事阴谋废除丈夫彼得三世沙皇，自己掌握政权。在同一年，卢梭发表他的《民约论》，在第八章《论人民》中有这样的话："俄罗斯人永远不会真正开化，因为他们以前开化太早。彼得有模仿的天才，但不具备真正的天才……他起初要老百姓做德国人、英国人，其实应该首先做俄国人；他说服了他的臣民相信他们不是的那种人，却阻碍了他们去变成他们能够变成的那种人。"还可以读到这句阴暗的预言："俄罗斯帝国以后要想制服欧洲，只会自己被制服。鞑靼人或它的臣民或它的邻国会成为他们的主宰和我们的主宰。这场革命在我看来是不可避免的。全欧洲的国王都在协同工作加速这个进程。"

叶卡捷琳娜二世完全明白伏尔泰所说的"名声"对帝国积聚力量的重要性。她登上皇位，立刻竭力争取哲学家（如达兰贝尔）辅助她的事业。要是说伏尔泰从来没有去过俄罗斯，启蒙时代的另一位标志性人物德尼·狄德罗则作过一次难忘的旅行，虽然他花了差不多六年时间才下决心前往。他动身时已经年届六旬，不久前写完《拉摩的侄子》、《宿命论者雅克与他的主人》。他1773年12月初抵达，在圣彼得堡待至1774年3月5日。

---

① 伏尔泰曾用俄语假名发表讽刺诗。他撰写的《俄罗斯帝国史》第二册发表于1763年。

在伊丽莎白和叶卡捷琳娜二世在位时期，艺术家也开始在俄国出现，但都是逗留时间不长的过客，淘金而来，成功了也留不住。美术院在1765年经过改组，基础扩大，有法国人直接参加，两国交流中的引路人是雕塑家法尔科内。叶卡捷琳娜二世希望给彼得大帝竖一尊雕像，法尔科内为她服务时已是一位名人。法尔科内从那时起保留了两重通信关系，一是给远地的狄德罗，一是给近处的女皇。可是双方的信任最后都遭到了损害。在女沙皇这边有一位监理官，做什么都对法尔科内抱敌视态度。象征圣彼得堡的那尊著名的《青铜骑士》，在整个雕塑过程中，每个细节的设计，如史诗中的战马，脚下竖起身子的蛇，雕像石头基座，骑士的服饰无不遭到监理官的批评与干扰。动不动引起一场争辩。叶卡捷琳娜二世不能为一个外国人去责怪监理官，最后对法尔科内也没有好脸面，雕像浇铸拆模时，她也拒绝到车间去看一眼。法国雕塑家还没看到他的杰作竖立在参议院广场上，就不得不回国。隆重的揭幕典礼举行时他没有参加，只是后来补给他一枚纪念奖章……

对两国更为持久、更有裨益的人员输入，来自工业交流与商务往来。俄罗斯原有几家花巨资建立的工厂；但是圣彼得堡的丝织品图案，一眼就可以看出复制自里昂的，俄国开始制造的其他奢侈品、地毯、瓷器也无不如此。这些企业的设计人员中有一些是法国人，被重金礼聘或口头承诺吸引而偷偷过来的，尽管他们的政府对这类合作并不表示赞同。

法国商务长期集中在圣彼得堡和莫斯科设店的零售商手里，素来向豪门贵族提供奢华的餐具食品与服装，虽然也要提防意外的竞争。在沙皇帝国首都每年要喝去十万瓶香槟，其中九万瓶是英国人酿造的，供普通爱好者安心消费，里加的耶稣会不论年成如何每年向他们销售四千桶波尔多葡萄酒。

围绕这些商人形成了一个生动的社团，社团成员长年不断来来回回，善于辞令的哲人对这个群体的道德自有一番妙论。法国外交官拉梅塞利埃写道："形形色色的法国人蜂拥而至，把我们包围。他们中间大多数都与巴黎警察厅有过纠葛，前来毒害这里的北方地区。在许多大贵族家里，我们发现逃亡者、破落户、浪荡子，以及许多同类型的妇女，只有表示惊奇与无奈。"

至于法国大使塞居尔，他主要提到"不断前来的有风尘女子、冒险家、女佣、男仆，使用手段巧妙、说话彬彬有礼来掩饰他们从前的身份与无知。这部分人口的基本成员不是一批在他们本国有前科的人，而是商人、演员、教师、军官；有些人前前后后从事过所有这些职业"。最受欢迎的，是那些理发师、厨师、服装商、违反放逐令的艺术家，把法兰西的奢华与俄罗斯的腐败进行不断的搀和。

这样，高卢人的才华入侵到了俄罗斯的高等社会；宫廷与沙龙里都置放巴黎的时兴家具，由巴黎艺术家设计装潢，时尚作家的箴言在他们门徒的嘴里脱口而出①。

---

① 1764年，由政府创议，贵族出资成立了一个公司，借助国外移民到萨拉托夫和萨马拉两省增殖人口。给中间人发奖金，向移民提供津贴，直至得到第一年收成为止。舒瓦瑟尔公爵的严厉措施使这项计划失败，但是有一万两千个德国人进入萨拉托夫省，少数阿尔萨斯人和洛林人试图冒险前去。偶尔或隔一阵子总有若干法国军人移民到俄罗斯。

我们从埃翁骑士和拉歇塔尔蒂侯爵的历史中也可看出，俄罗斯历来是个演出刀光剑影、宫阙秘史的舞台；率领一批天生的赳赳武夫，到陌生的国家去大动干戈。德·斯黛尔夫人常爱说："在俄罗斯男人只有信仰战争才算是好汉。"约瑟夫·德·梅斯特应声说得更尖刻："男性气概的俄罗斯人家里只有刺刀……"

总之，一个到俄罗斯去的法国人肯定是冒险家。多少有点偷偷地远走高飞到那里，其原因不外是遇到不幸的决斗、债务纠纷、官司缠身，要不就是甘冒一切风险来发大财。18世纪中叶，一心追求荣名是另一个因素。后来写《保尔与维吉妮》的作者贝纳丁·德·圣比埃尔，起初向往的荣名不是当作家，他到俄罗斯的想法是在某个荒芜的河滩上建立一个类似兄弟会的共和国。他是卢梭的忠实信徒，他向俄罗斯大草原的居民提出的要求，跟他的竞争者向美洲草原的印第安人提出的一样："纯朴、自由与无邪的理想。"他还带去了他创造的族徽与一份工程师证书作为自我推荐书。他历尽千辛万苦到达莫斯科，向叶卡捷琳娜二世的宠臣奥洛夫提出他的计划。奥洛夫带了他进宫去，他的保护人很失望，叶卡捷琳娜二世只是对他随便看一眼，乌托邦主义者看到自己的计划已被埋葬。一家印度公司设计的另一个方案也没有更好的命运。这样，贝纳丁看到自己已无希望大显身手，开始思念自己的祖国，（他也同样）粗心大意把自己的沮丧之情写在书信上。两天后，有人把他的工程师证书交还给他，关照说"在俄罗斯没有人爱听牢骚"。贝纳丁待了四年后放弃一切幻想回到巴黎。

到俄罗斯来的法国人中间，最多是自称为作家的人，他们以笔为生，在政府部门当文书或者在大户人家当秘书，尤其是家庭教师或老师。每个贵族家庭内，甚至宫廷御座前都可以看到他们。维瓦雷的一名乡绅贵族沃马尔，在叶卡捷琳娜二世朝中的权臣波将金王爷府里待了二十三年，先为家庭教师，后当秘书与幕僚。在这些人的影响下，成长了新一代人，他们在教育与政治领域的思想是建立在启蒙时代的哲学上的。

冒险家的时代

一国的首都是形形色色的冒险家活动的沃土，在那里他们有机会大出风头，即使有时只持续一小时。因而在俄罗斯看到光照派的信徒。圣日耳曼伯爵在1762年就过来的，由于在推翻彼得三世拥立叶卡捷琳娜二世的政变中起过作用，跟奥洛夫结下了密切的关系。1779年，著名的卡格里奥斯特罗，用西班牙上校费尼克斯的假名，带了他的美丽女伴洛伦萨巡游到此地。他像在巴黎一样自称可以点铁成金，包治百病，跟神灵直接沟通。他在这里也利用迷信活动扩展共济会组织。其实他多次装神弄鬼早被拆穿，很快被从自设的神坛上赶了下来，不得不仓皇逃离圣彼得堡。叶卡捷琳娜二世几乎对他的花招一直无动于衷，在一部无名小册子里加以嘲笑。女沙皇始终忠于伏尔泰的箴言："可笑会把人杀死。"可是她还是让共济会在她的臣民中招收信徒，在她的国土上建立将近一百五十个支部。光照派在俄国得到蓬勃发展，连叶卡捷琳娜二世也觉得必须干预，这次还是用她惯用的武器，那就是说编写两部喜剧。圣马丁听说有这样的举措，宣称决不踏进她的帝国的土地，他信守自己的诺言。可是在莫斯科，他的社团与使用法语工作的共济会并行发展繁荣。

然而,18 世纪的莫斯科共济会员,并不是这个词后来意义上的自由思想者,他的特征只限于崇尚人文。然而他相反地追求接近“无形的神圣”,几乎到处盲目寻找它的理想,无论在放磁者的运气室,还是后来 19 世纪的继承者特拉普派爱待的苦修室里①。

法国大革命后,俄罗斯给旧制度的许多代表人物提供避难。女皇在宫里接见让-路易·德·特雷登船长,他是睿智的学者,圣彼得堡科学院通讯院士,他在叶卡捷琳娜二世的授意下,编写了一部俄语-布列塔尼语词典。在帝国首都还有一条以他的名字命名的通衢大道。

---

① 跟这些思想相反的,是另有一股法国侨民为主导的影响,18 世纪下半叶在俄罗斯保持了下来,并得到加强。不久前在罗马,教皇一纸敕令把耶稣会取缔,叶卡捷琳娜二世却乐意让它在俄罗斯存在。女沙皇这样做也违反了彼得一世的诏书,他曾下令在帝国内永远驱逐那个著名的耶稣连队。耶稣会会士置于莫希列夫主教的管辖下,融入由女皇严密看管的一个教会里,他们就是这样躲开正在酝酿的革命,等待复辟的时机。

法国大革命

叶卡捷琳娜二世在基辅，准备前往克里米亚，这时听说路易十六决定召开王国的名流会议，准备对政府实施全面改革。起初，这些事件在俄国引起一种又惊骇又好奇的复杂感情。但是宫廷感到了恐慌，采取措施防止“革命传染”。不但巴黎的报刊与出版物都不准入境，书店还接到命令，对店里已进的书籍由警察厅进行严格的清查处理。

女沙皇想到自己与伏尔泰的关系，决不去破坏（花巨资兴建的）启蒙时期哲学家名闻遐迩的图书馆，但是她把这位伟人的胸像放到了角落里。亚历山大大公是女皇宠爱的孙子，他的家庭教师拉阿尔普在1795年前没有受连累，但是马拉的兄弟、帝国中学的优秀教师必须改名，用他故乡的名字叫德·波特里。其他人的命运较为悲惨，如西布和杜·布杰，一位是女大公的家庭教师，另一位是女皇的图书馆员，都被发配到西伯利亚。法兰西剧院依然演戏，但是接受严厉的监督。

圣彼得堡的共济会员受到向法国思想宣战的反弹。1792年8

月，共济会的头面人物之一诺维科夫遭到逮捕。他的印刷公司只得解散，主要指控共济会进行秘密邪教活动，经过长时期的庭审，他被送进了监狱，一直到保罗一世登位才走出地牢。后来轮到了散文作家拉迪切夫。有部书叫《从圣彼得堡到莫斯科旅行记》，被检查机关稀里糊涂通过了，这位受保护的海关税务长把农奴买卖比作贩卖黑奴。秘密司法机关和参议院由于他“敲响了革命的警钟”，判他受鞭刑和强迫公共劳动。后来他的刑罚改为流放西伯利亚十年。警察厅一如既往夸大其事，小心防范。有一位老人穿一件红色晨衣，戴一顶红色高帽，在窗边被人发现当场逮捕。其实他是一位流亡的老将军，忠诚的保皇党。

在宫廷里，即使在穿着方面，也只准停留在 1789 年以前的状况，一切令人想到穿无套裤的革命党的东西都是可疑的。系大领带遮住下巴的爱好看了讨厌。女沙皇下令不许再系，但是年轻人不顾禁令继续这样标新立异。1799 年，由俄罗斯发起的大同盟就是为了反对法国大革命而成立的。俄罗斯人与法兰西人历史上第一次面对面交战。在意大利和瑞士的战斗尤其激烈而血腥。可是，法国艺术家继续受到欢迎，这也是叶卡捷琳娜二世时期的怪事。杜瓦扬画米歇尔宫的天顶画以结束自己的生涯；维杰-勒布仑夫人凭其画艺令人倾倒，她画的玛丽-安多纳特王后的大幅肖像画，由她下令从巴黎运来，得到一片赞叹声。她著名的藏品今天还在圣彼得堡冬宫博物馆展出。

法国军人以朗杰隆为榜样，纷纷加入沙皇军队服役；朗杰隆用路易十六的不幸故事说得圣彼得堡人直掉眼泪，在两年内从下士、少将、中将，再升到步兵总监。两位名将奥蒂尚和维奥梅尼带了他们的军衔加入俄国军队。奥蒂尚干脆是从英国召来的，由于他以前是吕内维尔的城防司令，给保罗大公留下深刻的印象；任命他率领骑兵禁卫队，经常向他咨询军事组织事宜。

但是在那个时代，象征性人物不是军人。18 世纪初，在俄国的法国家庭教师可以说是偶一为之的。他们教育程度不高，除了会讲法语以外也没有其他特长；还有就是理发师，给一位大人物的假发扑粉时，闲聊中给他提起一个轻浮低庸的法兰西形象；或者是更有见识的旅行者，在首都的沙龙里传播法国大革命思想。

18 世纪行将结束时，法国有一股新浪潮，发现了走上冰雪国家的道路。他们是被大革命逐出家园的贵族和依附于贵族的"小神父"。他们中间许多人不久以前还在宣扬百科全书派的观点，自称是自由思想者。但是革命风暴立刻逼得他们重新审视自己的立场。理性主义不再流行，平等理想在他们眼里也大打折扣；玩沙龙游戏到头来给送上了死刑犯的木轮车。这些流亡者在俄国得到了良好接待，但不安地发觉促使他们流亡的这些思想，在俄国社会也传播很广。到俄罗斯来定居的已不再是哲学家的门徒，而是循规蹈矩的教士、保守派、天主教徒，决心向俄罗斯人传授一些与他们的先辈不同的东西。当然有些法国人异想天开给自己加上了不少头衔，倒也没有人想到向他们表示异议，他们的命运也大不相同。在某些省份，有些人就是在地主乡绅家里当家庭教师了结一生，或者只是在有钱人家一辈子做清客。许多法国人成为交际沙龙中不可或缺的装饰,他们甚至不用证实自己的才干,就可以在最显赫的军团里受到热烈欢迎,有时甚至得到高级头衔。有些人娶了大户人家的女继承人,由于大家都讲法语,很快如同在本家一样不感到陌生。有一位拉瓦尔(有人说是洛威尔),原在法国驻君士坦丁堡大使馆的候客厅工作,除了青春年少、外表可爱以外也没有其他成功的手段,讨得一位有教养的富家千金的欢心,两人暗中商量不顾女方父母的反对,突然之间跪倒在保罗一世沙皇(叶卡捷琳娜二世的儿子与继承者)的脚下,恳求他的保护。保罗一世做事原本别出心裁,同意他们的要求,宣布拉瓦尔伯爵近期结婚,一切毋庸置疑。

做娘的则劝谏沙皇,说出自己难以苟同的道理:"首先,拉瓦尔跟我们不信同一个教;其次谁也不知道他的根底;第三,他要在海洋科学院担任教授,不会像他所说的那么称职。"保罗一世对此回答说:"第一他是个基督徒,第二我认识他,第三,夫人,他的职能叫您高兴还来不及。"这个结论是不容反驳的:"因此,赶快给他们成亲吧。"做娘的知道这位君主心狠手辣,捉摸不定,害怕引起他大怒,赶快忍声吞气不再多说。

拉瓦尔·德·拉·鲁勃里成为俄罗斯最富有的人之一。他善于安排节庆,说话风趣机智,外交官的派头,使他青云直上,提升为沙皇的礼宾官。他与夫人组成富有创造力的一对伉俪。他对绘画中的杰作有极强的识别力与品味,通晓罗马艺术,拉瓦尔搜集在妻子住宅里的藏品具有国际声誉。美国驻圣彼得堡大使吉恩·昆西·亚当斯的记载中就提到弗拉·巴托洛米奥的绘画,有波斯地毯衬托的闪闪发光的盔甲,当时非常吃香的罗马雕像,还有奥古斯都皇帝的女儿的石棺。艺术家与大文学家都前往那里,还可遇到亚历山大·普希金,在拉瓦尔家朗读他的《鲍里斯·戈都诺夫》中的精彩篇章。这对法俄夫妻家里还人丁兴旺,孩子中有一个女儿,聪明伶俐,貌若天仙,叫卡特琳,嫁给反对尼古拉一世沙皇的著名阴谋集团的未来领袖特鲁贝兹科依亲王,将在曲折离奇的法兰西传奇中扮演头等重要的角色。

敖德萨或黎塞留城

这部故事的另一页是在克里米亚这个伊甸园中心的敖德萨写成的，那里并存着峥嵘野性的自然风光与美丽有序的法国建筑。就像我们在前一章说的，彼得大帝在巴黎站在黎塞留红衣主教的陵墓前高声说："伟大的人，你若活在我这个时代，我会把我王国的一半交给你，向你学习如何治理另一半。"

将近一百年以后，他的侄孙黎塞留公爵，阿尔芒-埃马纽埃尔，当上敖德萨的总督，在俄罗斯南方执掌至高无上的权力。

若同时代人的著作（其中包括俄罗斯最伟大的诗人普希金）可以为证的话，这是最好客的地方："那里不存在大都市讲究的什么规矩，也不规定任何具体的行为准则，即使说话也不讲究方式，传统的游戏最后只会引起长时间打哈欠。在这个自由的社会里，大家追求的只是放松、消遣和旅行散心，很少去寻找新的工作或者一官半职。人人自由自在，对首都豪华沙龙里令人厌烦的老套嗤之以鼻。"

黑海沿海地带由于古希腊开辟移民，热那亚人设立商号，早已受到欧洲的影响。但是这些地区有好几个世纪又处于奥斯曼帝国统治之下。俄罗斯人在18世纪末战胜土耳其人以后,看到广大原野上到处都是废墟。正如塞居尔夫人写的:"克里米亚公路像一块平整的画布,一位画家开始在上面画一幅巨画,画上几个小村庄,几座小树林,几块种庄稼的田地;但是这幅作品进展很慢,一个多世纪以来还是像一片沙漠。"

可是,法国人后来凭其巧手,在不到二十年的时间内,把这张未完成的草稿做成了一件真正的杰作。

敖德萨是这个地区迅速发展的起点。1803年2月初,阿尔芒-埃马纽埃尔·德·黎塞留被亚历山大一世沙皇封为中将。前一年,他去巴黎料理自己的家务,办理他的移民身份也是很自然的。然而据说,他那时对法国新政府强烈表示敌视态度,使他接到立即流放的命令。当时是在拿破仑面前演出的一出戏里,他看到其中含沙射影的情节有意大声喝彩。第二天就接到通知在二十四小时内离开巴黎,八天内离开法国。他的失宠时间没有多久,因为,六个月后,波拿巴大笔一挥就把他从流亡名单上划掉。还允许他在国外服务,条件是公开他的法国人身份,一经召唤必须回国。

敖德萨政府享有一种特殊的地位,可以直接上呈沙皇,不需要经过其他渠道。赋予了这份特权,使这座各国旅客熙来攘往的港口,根据一份既定的规划,实施简单的手续措施,逐渐变成了一座人口众多、兴旺繁荣、真正的海港城市。首先,对于许诺在两年内建造一幢房屋的人,用长期贷款方式给予资助。每次有进口小麦入仓,收取少量税收，然后用这部分钱成立一个年度基金会，用于教堂、桥梁、道路的建造与维修。这样在十年内房屋数量从七百幢增至两千幢，面对东正教主教座堂、天主教教堂、希腊教堂、犹太会堂，建起了各种宗教性或各个基督教社团的房屋。从农产品，尤其是酒类征收的税款用于建造防波堤与码头，因为敖德萨虽还不具备作为一个首都的地位，已经是一个大市场，乌克兰富饶的农产品的集散地。它对进出口物资的税金减少四分之一，自可有效地跟黑海的其他海港竞争。自后又对从海路来自摩尔达维亚、奥地利和普鲁士的货物免于征税。许多大楼很快竖立在港口，马耳他的英国人、巴利阿里群岛的西班牙人都到这里购买小麦、腌肉、建材和桅材。法国、奥地利、西班牙在这里设立领事馆。奥斯曼帝国看到它这样突飞猛进感到不安，从 1806 年到 1812 年不断采取敌对行为。黎塞留在不止一条战线上进行战斗，同时利用战斗的间歇，几乎冒着敌人的炮火，不忘向下属证明和平的好处；因而他获得这个惊人的效果，那就是俄罗斯人与土耳其人在多瑙河上兵刃相见，在置于他监督下的海港里相遇时和和气气。

1809 年敌对行为重新发生时，奥斯曼的舰队起初是允许通航的，后来就中断了。黎塞留以为这样君士坦丁堡会断粮，然而它很快在塞浦路斯、埃及、意大利得到供应。他有意识地要把敖德萨建成一座各个社团共居的城市，看到法国人、意大利人、德国人、亚美尼亚人、摩尔达维亚人都过来生活在俄国人身边。从此以后，这样的新兴城市，就像 19 世纪的某些美洲城市，被称为“欧洲的阴沟”。

可是它早期接受的外国人,主要是被新总督的好名声吸引过来的。商人西卡尔写道:“那个时期(1804)我在马赛,大家对城市与国家都毫无概念,很少谈到敖德萨,因而也没有生意。那时有人说起年轻的黎塞留公爵当上了总督,于是决定组织三次商团去敖德萨。我在同样的感召下决定亲自去那里过上几个月,后来又定居了下来。总之一句话,这差不多是所有在敖德萨定居的外国人的历史。”

1806 年,沙皇敕令驱逐大部分法国人,黎塞留在周围的人面前不把它当一回事,给其中很大一部分人提供庇护。十年后,敖德萨人口增加四倍,有三万多人。在总督的要求下,另一个法国人罗塞骑士在这块荒土上种下第一棵树——杨树;然后又划出几块葡萄园,开辟一个公园,播下洋槐种子,后来使主要马路变成林荫大道,在今天成了这座美丽的城市的标志。西卡尔还说:“一位居民家门前有两棵洋槐,都严重缺水。一个行人看见了,走进他家里,对主人说,我请求您给这些树浇点水,它们要干死了;您会叫我很开心,要是不愿意做,那就让我高高兴兴给它们浇吧。”

从 1805 年起,敖德萨总督成为沙皇在俄罗斯南方三大州的沙皇摄政官。这样从黑海直至顿河哥萨克土地的海岸线,军政大权全落入他的手中;这块广阔的土地还像它的创造者时代那样称为新俄罗斯,创造者是多里达亲王,也就是格列戈里·波将金,叶卡捷琳娜二世朝中权倾朝野的宠臣。在 1808 年,阿尔萨斯人和德国南方人在敖德萨四周形成了一个主要的移民城。克里米亚毁于战火,相对荒凉。

居民从五十万下降到十四万，差不多都是鞑靼人，阿亚尼亚人和希腊人多少按照自己的意愿带了城里的主要财富离开走了。

在法国大革命后，选择俄罗斯并成功在那里居住的法国人中间，黎塞留成为象征性人物。

拿破仑与亚历山大一世

历史的荒谬：亚历山大一世沙皇(1801～1825)与拿破仑皇帝(1804～1814)面对面打过好几场战争，却在19世纪初，把法兰西与俄罗斯的亲和关系提到最高点。

亚历山大是叶卡捷琳娜二世的孙子，在法国文化氛围中抚养长大的[①]。女沙皇还叫孙子诵读法国1791年《宪法》，向他解释每条条目，上课时还要他提出自己的看法。他的教师哲学家拉哈普，出身瑞士罗曼地区，主要用启蒙时代精神来教育他，重点讲解由卢梭在《爱弥儿》中经过改良的普鲁塔克和塔西佗。拉哈普研究启蒙时代有两个理由，他是共和主义者，他是瑞士公民。他想得更多的是执政者的义务，而不是他们的权利。这场童年教育完全是斯多葛派的。在拉哈普手里成长的不是18世纪的俄罗斯人，而是由1789年理论家塑造的这么一个理想主义法国人。

---

① 亚历山大的父亲保罗一世，在叶卡捷琳娜二世执政时隔离在宫墙外，每周只有一两个小时可以看到自己的子女。

保罗一世在位时期很短[①],不把法国放在心里,皇室和禁卫军内部密谋决定废黜他。亚历山大没有亲身参加这次宫廷政变。他没有跟着这些阴谋分子走进卧室,而是等着他们。主谋帕赫伦将军那时走去找到未来的沙皇,猛力抓住他的胳膊,对他说:“别再孩子气了。坐到帝国的宝座上去吧[②]!”这场阴谋给他戴上了皇冠,压在新沙皇的良心上毋庸置疑是沉重的。亚历山大一世这人朝三暮四,性格多变,让他赢得阴险、捉摸不定、意志薄弱的名声,保罗·穆鲁西在他那部精彩的传记《俄罗斯沙皇亚历山大一世:欧洲的斯芬克司》中是这样描述的。据拿破仑说,他“聪明、讨人欢喜、有教养”,但是对他不能信任:“他不诚恳,这是一个善于伪装、狡猾的拜占庭人。”

这位特立独行的沙皇,埋怨他身边都是轻浮浅薄的官僚。他有一次闷闷不乐时写道:“我一点不觉得我生来是坐我目前的位子的,更不是命运为我准备的位子……有一天,我会去住在莱茵河边,安静地过平民百姓的生活,在与朋友的来往和大自然的研究中建立我的幸福。”他的大量信函看出他精神起伏很大,感情游移不定。从心地来说,他是18世纪培养的子弟,百科全书派理论家的门生,他喜爱卢梭胜过伏尔泰,对《基督教的真谛》(夏托布里昂著)和《纯粹理性批判》(康德著)则是赞赏有加。

---

① 1796~1801共六年。他被认为是个半疯的人物,出卖给了普鲁士和他作为大祭司的马耳他教派。因此,1801年12月一个晚上,十来位青年军官冲进他的居室,把他杀死。据皇室历史学家之一尼古拉大公的看法:“皇储(指亚历山大一世)确切知道这次阴谋的全部细节,没有试图做什么去挫败它。”

② 根据在沙皇军队中效力的法国流亡将军亚历山大·朗杰隆的证词。

这位爱宴乐的沙皇甚受女人的宠幸。他身材矫健,既温和又威严,他优雅和气获得众口交誉。经常穿一身白,还有意弄湿贴身裤子,使他的身材突显雕塑美的效果。他的妻子巴登的伊丽莎白公主,是个绝色女子,一点也不妨碍他屡屡缴获女人的芳心①。

他登基不久,进行了一系列自由派改革,甚至考虑废除农奴制。这些微弱的愿望对俄罗斯社会产生的影响十分有限。而且,法国大革命,后来又是拿破仑的扩张主义政策使他分心,放下了国内事务。

亚历山大得到受法国教育的俄国人和波兰人的协助,尝试建立"一个公安委员会",能对他的政府的专制政治有所掣肘。一周内两三次,这些青年在皇宫里进餐;饭后面前放一瓶波尔多好酒,躲开多嘴的闲人,对什么都加以议论,为未来制订千百项规划。这些都是高谈阔论,因为年轻的沙皇在这座圣殿里完全生活在理想中,一走出那里觉得自己又回到因循守旧的老习惯中。至于外交方面,当波拿巴勇往直前向着光荣进军时,亚历山大要自己当个欧洲和平的保卫者。在内政方面,他完成某些借鉴法国经验的改革,从性质与日期来说,在历史地位上可以与首席执政相提并论。这样,在当时欧洲最大的两个国家——法国与俄罗斯——都以一系列内政改革开始了这个新世纪。

拿破仑与亚历山大一世并不相互摹仿——他们的关系是否模棱两可只有天知道了——但是他们两人都苦心孤诣实施在上一世纪诞

---

① 其中波兰公主玛丽亚·纳里兹金无疑是他的至爱。

生和发展的政治理念。拿破仑把《人权宣言》写入执政时期宪法卷首部分,他明确规定部长的权限。他成立一个据称为保守的参议院,与圣彼得堡的参议院颇为相似。他也建立行政法院,可是他如同沙皇,最后容不得一点违抗,甚至不同意见。

亚历山大是君主专制的继承者,心情处于一定的矛盾之中。他或许愿意人人都自由,但是他的一位心腹对此有清醒的看法,“条件是要人人都自由地和自发地执行他一人的意志。”

他向法兰西共和国新首脑拿破仑伸出手时带有某种程度的犹豫。他在自己的宣言宣布,愿意按照“叶卡捷琳娜二世的原则和心愿治理国家”。但一个新时期开始了,西方的影响也将以不同于前一世纪的方式发挥作用①。

沙皇的谋臣都是暗杀他父亲的凶犯;他不疏远他们,还摹仿路易十五和他的外交手段,成立一个秘密政府。拉哈普从瑞士逃到法国躲避保罗一世的怒火,又被召回俄罗斯,待在他的当上沙皇的学生身边。

在那时,法国社会与俄国社会又联结上了被法国人革命割断的

① 这些变化使得俄法关系永远是俄罗斯的中心议题。不合情理的是,沙皇的每次转变都以法国事态的发展为准则。这些转变标志了亚历山大一世朝廷的不同阶段。第一阶段(1801~1805):改革孕育时期。第二阶段(1805~1807):最初几次反对拿破仑的年代。第三阶段(1808~1812):联合拿破仑加入大陆封锁体系遏止英国的时期,后者对俄国经济带来毁灭性后果。这时又重新回到在战争年代放弃的改革政策。然后又是与拿破仑对抗的战争时期(1812~1815),战胜国重新瓜分欧洲(1816~1818)。最后一个时期是1819~1825年,放弃改革,产生反弹,革命运动开始,终于在1825年12月(俄历)爆发由近卫军军官发动、后世称为“十二月党人起义”的革命运动。

纽带。大家在莫斯科庆祝第一执政的光荣，“世代特权贵族”又走上去巴黎的道路。圣彼得堡最美丽的城市花园阿卡迪亚有两座剧院，其中一座是真正的歌剧院，在那里欢迎过瓦扬-古久里夫人。长期以来，法国戏剧都引起轰动，在那几年以前，法国光艳照人的女演员乔治小姐前来首都演出，令人铭记不忘。她在俄罗斯待了四年，她的天才与丰满身材给同时代人留下深刻印象。她到来之前就放出有利的传闻：她与拿破仑的关系。1808 年春天是她在俄罗斯一连串绯闻的前奏。她还在巴黎时就以一件荒诞不经的艳事作为开锣戏，观众来观看她的演出，开始着急。因为人人都在等待的女演员到哪里去了，发生了什么事？其实只是乔治小姐爱上了一名俄罗斯军官，跟着他私奔了。

这位青年军官不是别人，是亚历山大·本肯多尔夫，未来的尼古拉一世的秘密警察头子，心腹谋士。

1805～1807 年，俄罗斯加入反法同盟，与奥地利、英国和普鲁士并肩作战。但是法国人在奥斯特里茨、耶拿、埃劳、佛里德兰相继获得胜利，促使俄罗斯与拿破仑单独媾和。

奥斯特里茨一战代表两个王朝关系演变的一个新阶段。

两年后，也即 1807 年 6 月，这两人在提尔西特会见，在涅曼河河中央签订了一份条约，第二年在埃尔富特确认，两位皇帝秘密约定反对英国。他们主要决定了用取自普鲁士的领土重新建立波兰国家。

那时，拿破仑通过外交家泰莱朗在埃尔富特向沙皇的妹妹玛丽亚女大公求婚，这将保证和平、联盟和感情。少女求之不得，自忖有能力迷得皇帝全听自己的，亚历山大却不这样认为。但是也不应该惹恼这位可怕的潜在的小舅子。所以在圣彼得堡，首先对这门法国亲事装聋作哑，然后赶紧把这位女大公嫁给萨克森-魏玛公爵，给这个大家还要悠着点儿对待的科西嘉人一个光荣的台阶。

这样，亚历山大一世完成了他的首次演变。他是法国昂甘公爵的朋友，这位亲王在拿破仑治下处决，他也就把这位可说是精神上的继承者[①]看成是亲王的凶手。拿破仑倒也是尽量主动表示接近。据说，他看到亚历山大时大声叫道："阿波罗啊！"就像那些流亡贵族把他比作皇家御花园中间竖立的爱神。

签订条约时，亚历山大对他百般殷勤，这个科西嘉人决不上当，后来称他为"北方的泰尔玛"，影射沙皇的天才堪与法兰西喜剧院里最著名的演员相比。拿破仑在提尔西特时对待他周到细致，向最后几场战役的俘虏交还武器，让他们排成连队，然后一并交付给他。亚历山大也不甘落后，收下塞夫勒瓷器餐具，赠以裘皮作为还礼，或者允许法国海军到他的森林里砍取木材。听说拿破仑要让他的步兵换上白色制服，他明确表态："法国军队穿蓝色制服完成了丰功伟业，所以我宁愿一切照旧吧。"这是通过隐喻表示他不再是白色，而是蓝色，随着法国的新思想传播到全世界。同时他表示自己有意到巴黎参加行政会议聆听求教，他还接见拿破仑派遣前去服务的

---

① 昂甘公爵（1772～1804），法国亲王。1789年参加流亡者军队，拿破仑怀疑他加入阴谋集团反对他。1804年3月15日深夜派人劫持他，送往军事法庭，草率处决，引起欧洲各国愤怒。

军官和工程师[①]。

另一方面，由巴黎当红的演员、舞蹈家杜波尔，当然还有女悲剧演员乔治组成了艺术团体。但是，“这里只有您与我才爱法国”，如果说亚历山大诚心诚意对法国大使萨瓦里说这句话，那么托尔斯泰在《战争与和平》里精心描绘的那个社会里，精英人物谈到西方都带着一种说不出的语调，其中爱情、竞争与嫉妒夹杂难分。在提尔西特的首脑会议上，好几位俄罗斯军官摆出姿态抗议新联盟，哥萨克兵团的代表人物布拉托夫拒绝跟法国元帅联系，对待贝蒂埃元帅的态度稍见缓和。在巴黎，俄国大使托尔斯泰向圣日耳曼城郊区比向蒂勒黎宫[②]表示更多的殷勤。皇太后就在沙皇近侧搜罗了一批拿破仑的敌人。她生于蒙贝利亚尔，属于这个外法国，对另一个法国一直痛恨在心[③]。

拿破仑的大使萨瓦里 1807 年进入圣彼得堡时，找不到一个大户人家愿意接待他；过了六个星期，他没有进过谁家的沙龙，没别的可做，唯一的消遣就是逛街。教堂里大家庄严祈祷反对法国，书店里都

---

① 他们中间有蓬东上校，他在波罗的海的海岸线建筑防御工事，如同二十年前的普雷沃；还有巴黎综合工科大学的四名学生德斯特尼克斯、波蒂埃、法布尔、巴泽纳。德斯特尼克斯当上在 1810 年创建的公路交通学院院长。涅瓦河大桥与喀琅施塔得的彼得要塞是他建造的。巴泽纳在 1811 年生了个儿子，有一天当上塞瓦斯托波尔的总督，被法国军队打倒。除他们之外，布伦·德·圣伊波利特指导海事建设，莱纳里创办一家重要兵工厂，建筑师多马斯·德·托蒙在圣彼得堡建造剧院、证券交易所、波尔塔瓦的凯旋柱。

② 圣日耳曼城郊为王朝时期贵族住宅区，蒂勒黎宫为当时的主要王宫，比卢浮宫更加富丽堂皇，后毁于战火。至今仅剩蒂勒黎花园。

③ 蒙贝利亚尔，在 14 世纪归于符腾堡公国，后几次遭法国占领，1801 年正式加入法国版图。

是仇恨高卢人的小册子。在圣彼得堡，保皇党前一天还占有政治特权和影响，在交际场合抱成一团。拿破仑称他们为敌人，还是给他们荣誉①。1809 年 4 月颁布的法令是对这项措施的补充，针对所有从 1801 年 9 月起逗留国外的有文武官职的人，甚至申请到改变国籍的人，接到命令后立即返回法国，不然他们的财产全部充公。在这份威胁性的邀请以后，留在俄国的人都成了不可和解的死硬派。拉瓦尔已当上王室侍从，从路易十八那里得到封侯的确认，最后强调他与蒙莫朗西家族的亲缘关系，把家族的族徽也嵌镶在府邸的门楣上。这些法国人中一小部分自愿流亡者，可以保存乡绅贵族的资格，依然享有土地与农奴的占有权。因为重返家园的希望一丝不剩时，他们进入了俄罗斯家庭。最有进取心的人还在军队与政府里得到不同的职衔。居住在这个国家的法国人中，人数最多、出头无望的是艺术家，如在圣彼得堡的演员都去斯德哥尔摩避难；那些教师，就像舍迪-杜古尔，他改国籍，后半生成了德古洛夫先生；那些搞学问的人，就像 1807 年来的工程师，他们尽管提出抗议，在官方名义上是囚禁在伊亚洛斯拉夫，实际上被带到西伯利业，3 年后也被人遗忘了；或者就像那位医生，成功穿越边境，竭力去给入侵者提供情报。

从 1805 年起，在俄罗斯皇家图书馆和冬宫图书馆的书架上，专

---

① 提尔西特缔约的第二天，拿破仑试图召回在俄罗斯军队立下显赫战功的法国将领特拉韦塞和朗杰隆；但遭到他们拒绝，大为愤怒，1807 年 11 月在枫丹白露列出的流亡者名单人数增多。

设了法国大家族的全国公开和私家的一部分族谱[1]。

圣彼得堡的博物馆收藏了这些无价的史料。这些富有艺术气息的彩色装帧书页,这些名人的签名,并有马比荣与蒙福贡的注脚,不由令人看了又好奇又尊敬,其中还可看到路易十四童年时临摹的字帖。

提尔西特之梦不久结束,随之而来的大战接连把法国大军带入莫斯科,把俄国大军带入巴黎,把我们的法俄罗曼史演变成一出军政悲情戏;血腥的一章,多少苦命人后来倒下并埋葬在俄罗斯的冰天雪地里。

---

① 这部分藏书的保存完全归功于杜布洛夫斯基,他在1789年是驻巴黎大使馆的随员。他喜爱历史研究,尤其逢上法国大革命,让他如愿以偿地搜集稀有文件和珍贵资料。民众冲击巴士底狱时,他当场得到了几百卷满是污泥的材料,被征服者散落在路上。本笃会是塞吉埃和阿尔莱宗卷的继承者,当他们被赶出他们在圣日耳曼德普莱的学术圣地时,他用三万六千里尔买下他们的一部分珍贵藏品。一万两千里尔当场付清,当他要付余款时,他的债权人已经不留痕迹地逃之夭夭。他只是在伦敦遇见一个避难的老人,给他一笔小年金直到他逝世。后来他把他的藏品献给沙皇,换取物质奖酬与精神荣誉。奥加尔这位流亡贵族,在亚历山大·斯特拉戈诺夫伯爵的高层领导下担负保管之责。

1812 年

俄罗斯旧历法的日子比欧洲历法要晚，至于晚几天随时期而有所不同。时间幅度是十一天；在 21 世纪相当于十三天，在 19 世纪，俄罗斯与法国的时差恰是神圣数字——十二。出于偶然的数字巧合，这是在 1812 那年 18 世纪进入了 19 世纪。

两年以来，愈来愈严重的事态说明了这点，双方都不言不语在准备战争。为了弥补正式大使在搜集拿破仑对于俄罗斯的意图方面的情报不足，亚历山大向法国派遣了一名能干的俄罗斯军官切尔尼契夫[①]。这人温雅而大胆，装得热爱交际，其实在充当间谍，竭力燃起女人的热情，在拿破仑朝廷里策划政治阴谋，即使拿破仑皇帝的妹妹波丽娜·波拿巴（嫁给意大利望族）也是他的崇拜者。这位哥萨克上校有一个了不起的交际网，还有一位不起眼的军事行动办公室的小职

① 切尔尼契夫 1814 年在拿破仑失败后又回到巴黎，一年后又陪伴他的君王亚历山大一世来到这里。每天早晨，他去爱丽舍宫，巴黎被外国军队占领期间沙皇驻跸于此，他把他在路易十八朝廷，还有奥地利皇帝、普鲁士国王、英国国王代表威灵顿公爵的住地所见所闻，全向他的主子汇报。

员，名叫米歇尔，向他提供法国大军进军俄罗斯的给养供应方面的珍贵情报。稍后，巴黎警察厅调查米歇尔的过去，发现他从1804年起就向俄国情报人员提供了许多消息，他被判处死刑后执行。法国秘密情报处这样查到了这位哥萨克军官，他不得不仓促逃离法国，不但抛下他的所有情书，还有沙皇给他的指示，以及米歇尔特务烧了一半的一封信。

这件严重的间谍案，促使拿破仑在各国人民和国王面前，装得气愤的样子挥动所谓的彼得大帝的政治遗嘱，让欧洲在一个比他还大的野心面前发抖。1811年8月3日，拿破仑在蒂勒黎宫接待时，对着俄罗斯大使库拉金气势汹汹说了两小时，言外之意是战争是不可避免的；之后开始了大规模政治军事行动，欧洲各国力量重新迅速集结。在冬季与春季之间，普鲁士和奥地利跟法国结盟。俄罗斯则与土耳其缔结和约，跟瑞典接近。拿破仑担心沙皇出尔反尔让英国图利，事前不经宣战就挥师进攻俄罗斯。1812年6月12日，宴会上舞兴正浓，有人向亚历山大报告拿破仑已经越过涅曼河。

从那时起，就有了1812年前与1812年后的两个说法，那一年有三场重大战役：波罗底诺村(8月24日~26日)、莫斯科大火(9月2日~10月7日)、别列津纳河(11月14日~17日)……

对于他的老友胡思乱想或者以他马首是瞻的欧洲联盟，亚历山大则提出利益、思想、信仰联盟相对抗。这些信仰已被法国人的皇帝利用来对大家进行压迫。在这些不可调和的事件中抛头露面的人物是约瑟夫·德·梅斯特，他不是流亡者，但是撒丁王国的全权代表。他很难再抱着国王复辟的希望，然而他看到事态正在大变，愿意让天主教教会在这场危机中得益。亚历山大乐意向他讨教，让他做了自己的心腹顾问；德·斯黛尔夫人那时来找他，大陆的其他国家都拒绝接待她，她来向这个遥远的国家要求庇护。她起初想经过敖德萨前往英国，后来她突然转向朝着圣彼得堡而去，沙皇在那里殷勤周到地接见她。几天后在一次宴席上，有人向沙皇祝酒庆贺俄国人的胜利，有人听到她说："不是把法国打败了，而是把压迫法国的那个人打败了。"这句话也是给所有流亡军人正了名。

在南方，敖德萨总督黎塞留召集显贵，毫不客气地向他们揭露攻击者的野心和无端挑衅。他激发一部分人的爱国心，另一部分人的感激之情，他以这样的话结束演说："你们都是见证人，我领导这个地方九年中，为了保证居民的福利从不吝惜自己……为了我的新祖国的利益，为了它的拯救，我牺牲了一切，也在牺牲一切。今天你们要同样一致显出你们是真正的俄罗斯人，这也是我热忱为你们的利益所能得到的最感欣慰的报答了。"

保皇运动的另一位关键人物是科西嘉人波佐·德·鲍尔戈，他在伦敦外交界不遗余力促进亚历山大与英国内阁的和解。

每人都在追逐自己的目标。对约瑟夫·德·梅斯特来说，"主要目的是为教会向压迫者恺撒复仇"；对斯黛尔夫人来说，是回到宪政自由；对黎塞留来说，为波旁家族复辟；对波佐，这是对他的同乡拿破仑实行族群仇杀。

抵抗的灵魂当然是俄罗斯人民，他们在自己的土地上第一次面对面看到由军队代表的法兰西，这支军队里有好几国人，讲好几种语言，在现代史上绝无仅有。拿破仑凭其个人意志，陈兵在涅曼河、第聂伯河，直到伏尔加河的河谷上，营帐绵延无垠，就像斯基泰人时代大草原上走过一支看不到边的马队，不久就要阻挡在俄罗斯人面前。同时代人都一致认为这是一次大集合，运行李的，带领兽群的，输送征收来的粮食的，各种各样的工匠，浩浩荡荡，人数之多不亚于士兵。在他们逼近时，整个国家感到一阵寒颤，然而俄国人的信心还是压倒了害怕。

不朽的俄罗斯的大圣人图像伴随着战士们，迷信掺和着爱国信念与热情；在农民中间传说被废黜的法国皇后约瑟芬化为一只鸽子，在战场上指引拿破仑，让他看清敌兵的调动；大家还看到几位贵夫人好像在中世纪时代，压住了"新的反基督者，撒旦的走狗"。一提到科西嘉恶魔拿破仑引起种种通鬼神的迹象，大家都很兴奋，谈论时试图在名字中找出《圣经·启示录》中"恶兽的恶相"。

1812 年 6 月，当第一批法国探子在黎明时渡过涅曼河，一切看来像一片沙漠。在他们身后，先头部队正在开拔，后面跟着俄罗斯历史上从未见过的可怕大军。轻步兵、步枪手、骑兵，中间夹着龙骑兵和波兰枪骑兵，密密麻麻组成纵队络绎而来。在阴影遮盖的沼泽地里，骑兵站在马镫上观察敌人，计算他们的阵容。8 月 8 日，确认库图佐夫①

---

① 这个人后来成为国家的救星，亚历山大起初反对任命他。拒绝的理由一部分是个人意气（1805 年在奥斯特利茨战役中，库图佐夫几乎要把沙皇赶出战场），还有出于全局的考虑。库图佐夫很少在欧洲战场上用兵，他的军事生涯几乎全部是在执行俄罗斯的东部政治任务：克里米亚、土耳其、比萨拉比亚。他没有获得过重大的胜利。他最出色的事业是在奥斯曼帝国门前凭智巧完成了一项外交任务，那次不是靠英雄主义和勇敢的战略，而是手段圆滑与诡计。此外，军队里还有一位将军不但更年轻也更有经验，在欧洲沙场打过仗：巴克莱·德·托里。可是要获得胜利，一位总司令只是有军事与战略天才还是不够的；那时，俄罗斯军队对巴克莱·德·托里没有信心，而对库图佐夫有信心，因为他有一个俄国姓氏。

当俄军总司令。

带有神秘色彩的大军事家苏沃洛夫(1729～1800),说话直率,有点粗鲁,在对法战争中屡建奇功,已进入了历史;而库图佐夫,像个小百姓支支吾吾,不盲目冲锋,但是也不畏死退缩,体现"理想的平民总司令"。

他动员全民进行战斗,与拿破仑借军事技术、战略与人员的优势是对立的;俄罗斯军队的战术,主要重点不是放在进攻也不是防御,而是抵抗——这种几乎静止不动而又无从捕捉的战略[①]。

紧接着根据他的声东击西战术,库图佐夫把战争计划拉到卡鲁戈大路上实现。8 月 22 日,他占领了波罗底诺村附近塔鲁里诺军营的阵地。在大战之前来了哥萨克军司令普拉托夫。

这也是这些战役中的怪事,法国皇帝倒是赏识这些俄国人,把哥萨克人称为"他们爱闹的孩子",这句话成为他们最了不起的代名词。

库图佐夫已经年迈,拄着拐杖,从简陋的小木屋里走出来,屋上飘着他的军旗。

"你来啦,我可想你呢! 这是你的人吗?"

"他们都在这里啦,大人。"

"看这个。我的马车!"

阿塔曼[②]在老人的马车旁边骑行。

---

① 同样,当法国人撤离莫斯科,库图佐夫也避免总决战,而是通过不同的新旧公路线骚扰;这样,他把赌注押在俄罗斯固有的被动性上。

② 阿塔曼(ataman),哥萨克人公选的领军人物。

“他们从十五岁到六十岁，大人。他们都来了。”

“你答应他们什么啦？”

“没答应什么……”

马车在队伍前一步步前进，骑兵的方阵一望无际。二十个团，三代哥萨克人，顿河地区的所有壮丁：灰胡子的老人，还穿旧时代的皮里子长袍，或者是青少年，卷羊羔皮帽神气地压在耳朵上；武器、年龄、服装的奇异混合。库图佐夫盯着哥萨克人看。

“普拉托夫，你给他们说几句。我嘴笨。”

一个低沉的声音升高了，说得很急促。

“哥萨克人！谁抓到拿破仑皇帝，不论死活，我就把女儿嫁给他，还带五万卢布嫁妆……”

“乌拉！乌拉！乌拉！”欢乐的男人们大叫。

库图佐夫一边梳理他的白胡子，一边对阿塔曼说：

“普拉托夫，很好，你这话跟他们说得真好。”

他装得天真地又说：

“可是，我没有女儿可以嫁啊。”

然后，严肃地：“过不了多久，这些法国人，你要给他们一点教训……”

这些人稳稳坐在马背上，马镫绳短短的，一动不动，神情肃穆地等待着。从最初几次交锋开始，法国人与哥萨克人相互端量。“他们勇敢而平静，”顿河的人评论说。法国骑兵看了这样说：“他们的马都是些母山羊，”他们的马具有的是用绳子编的，他们的长矛头上是一根大钉子,但是他们的人累不垮,抓不住,真是好战士!”

在波罗底诺村莫斯科河的那场大战里,俄罗斯军队屹立不动,宛若一座巨大的碉堡,必须一块石头一块石头去拆除。但是在法国三支大军的紧逼下,哥萨克兵团不停地猛击,掩护后撤。

首都的道路畅通无阻。在侵略者通过的一路上,田野与森林正燃烧起黄色的火焰,村庄正在逐渐走空。

在莫斯科附近,两支军队都默认休战状态;军官们在前哨阵地相遇,用双方都熟悉的语言对话。“给我们通行证,我们就走。”有一天一位法国将军高声说,这是谨慎地说出了征服者的想法。“你们都是不请自来的,”有人回答说,“你们也应该不声不响悄悄地走。我们自有权利得到你们的尊重,要是让你们带了武器离开,不是又要我们失去你们的尊重了么……”

两支大军那么英勇坚韧地对峙,彼此却又那么少憎恨,也真是从没见过。俄国巴格拉蒂翁将军受了致命伤倒下时,大叫:“法国人,好样的!”这声喝彩反映了俄罗斯人对高卢精神的感情现实[①]。

在战役的第一部分,莫斯科对于双方来说主要就是这么一个象征。拿破仑也乐意率领他的士兵,闯入法国军队从未深入过的地方,深信他可以强迫接受和平。

---

① 这是引用普希金的一句话。托尔斯泰在《战争与和平》中对尼古拉·罗斯托夫也有过这番描写。他跟拿破仑的一名军官交手,不由自主地注意到他的对手清澈的蓝眼睛、青春娇嫩的容貌,突然心中不忍,灵魂如死一般,对于残酷的命运交付他自由处置的这个陌生人,产生一种怜悯。

亚历山大不知所措,对拿破仑的主动提议要不要接受犹豫不决。但是9月13日,他得到莫斯科总督罗斯托普的报告,说法国人已经进入莫斯科空城。他受到震动,参谋部官员提出相互矛盾的意见,听了不知怎么办,最后就要求他的姐姐作决定,她做事向来斩钉截铁,催促他不要签订和约:“莫斯科是被占领了……有些事还在未定之天。别忘了您作出过的决定。不谈和平,您还有希望赢回您的荣誉。我亲爱的朋友,不谈和平,即使您撤退到了喀山,也不谈和平。”

如果拿破仑想到利用农奴对几世纪压迫的愤恨,叫他没想到的俄罗斯人在莫斯科遭到焚烧与抢劫以后,更容易忍气吞声去进行一场无情的战斗。农奴与贵族异口同声说了又说:“起来,神圣的俄罗斯,保卫自己,保卫我们的宗教、我们的祖国、我们的沙皇。”

法国莫蒂埃元帅尽一切可能要挽救克里姆林宫。没有成功。

局势变得很严峻;当宫殿的玻璃在热气中劈啪碎裂,烈焰威胁着要切断每条后路。黎明时,一股浓烟涌入房屋,使人无法呼吸。

拿破仑好像出了神,一动不动站着。为了要他同意离开宫殿,欧仁亲王和他的第二号宠臣贝蒂埃元帅跪了下来。这时到处听到喊声:“克里姆林宫着火了!克里姆林宫着火了!”皇帝的副官塞古尔伯爵再三催促:

“必须走了,快,一刻也不能耽误。”拿破仑非常苍白,凝视着烈焰中的莫斯科,简直不敢相信。在那个可怕的夜里,他一声不出,渐渐恢复冷静以后,最后大叫:“是他们自己放的火。这算是什么样的人!是斯基泰人!”过了一会儿终于又大叫:“真有种!这些野蛮人!这情景真是触目惊心!”

天空中火光弥漫,阴暗发红。差不多整座城市都在销蚀;火焰从五十处地方同时蹿起。沿着主要交通动脉都只是一条火线。法国精兵对着俄罗斯警察开枪,怀疑火是他们这些人放的。

“这太出格了,”拿破仑对科兰古说,“这是一场毁灭性战争,一种可怕的战术,在文明史上从没这样的先例……放火烧自己的城市……这些人真是给鬼迷了……野蛮的决心……哪有这样的民族!这样的民族!”

但是要回到郊区的彼特洛夫斯基宫是太晚了。拿破仑后面跟随着他的元帅们,跑着走下大楼梯,钻进浓烟走到克里姆林宫的圣救世主门。那里也是火焰到处乱蹿。皇帝和他的元帅们不得不穿越地道。

到了第三十四天,法国人和外国军团从钟楼上拆下伊凡雷帝崇敬的十字架,试图把克里姆林宫炸掉后,开始撤退。据当时的目击者说,他们“穿得像在参加嘉年华,但是却无心跳舞了”!

俄罗斯人不久就收复他们的首都;莫斯科这次真成了国家精神的圣殿,法国变成不共戴天的敌人,以后再也不得入内。

一大批目击者都叙述俄罗斯撤退,各人都有不同的情节来描写法国大集结的千军万马,前一天还是凯歌高唱,以后日日夜夜遭遇一个看不见的敌人的袭击。法国军队在宿营地里还相信不会吃到子弹。他们脚步拖沓,把战利品与阵亡者扔在边境到处都是,自己已变成被寒冷逼迫逃离的一群惊慌的疯子,没有灵魂,没有声音。

《红与黑》作者司汤达是拿破仑军事传奇的一位幸运的目击者。他原名亨利·贝尔，多亏表兄皮埃尔·达吕的支持，进了国防部当个编外人员，要体验在"拿破仑大军中列队前进的感觉"。一年后的1801年，他到了驻意大利的军队。通过大圣贝尔纳峡谷后，他戴了他后来小说中人物头上的翎饰，往前走到与死亡并肩的地方。"我走近平台为了更靠近悬崖。"但是军旅生活最后令他感到平凡无奇，1802年夏季提出退役要去写作。四年后，他又入伍，当上军事专员的助手，参加了拿破仑进入柏林的凯旋式。此外他在不伦瑞克地区履行职务，经过一座叫司汤达的城市时找到了自己的命运。但是主要还是俄罗斯使他与众不同，启发他创造了一位令人难忘的女性人物，他后来写的《阿芒斯》[①]，大家知道原型人物是俄罗斯妇女。

1812年7月23日，亨利·贝尔一身制服在圣克卢得到皇后的接见，晋升为法院助理，属于最光荣的职责，因为凭此头衔才有资格当面提交由皇帝签发的信函。8月14日他到了俄罗斯，有多次机会就近见到沉浸在征服者梦想中的拿破仑，跟随他到了斯摩棱斯克、维亚济马、波罗底诺。9月14日，拿破仑在莫斯科这只燃烧的火炉里时他陪同身边。当法国士兵进入皇宫掠夺时，他却气闲神定地参观那些封门无主的房间。需要时他也向哥萨克人开火。10月15日，亨利·贝尔被任命为后备供应处处长。16日，他在一群慌乱的车队中离开城市。

---

①《阿芒斯》，或称《1827年巴黎一家沙龙的若干情景》，司汤达的一部没署名的作品。

到达别列津纳河以前，法国大军队还是保持整齐的队形。夏天，小河蜿蜒，两边鸢尾盛开，时有空地切断的绿树林。但是 1812 年秋深时节已经天寒地冻。原本糟糕的形势更加雪上加霜。士兵衣衫褴褛，有什么都披在身上，用捡到的破布裹脚，陷在厚雪堆里惊恐不安，又累又饿全身发僵，宁可当场死去也不愿继续走路。

库图佐夫保持距离跟在拿破仑后面，只限于把他往回引——他的同胞经常为此责备他。这位民族抗战英雄在思想上还是个欧洲人，他觉得引用拉封丹的寓言最能说明他的敌人的错误，他把他比作寓言中的鹭，“什么都要只会什么都得不到”。

冻僵的尸体有时竖立不倒，妨碍马匹在无人道路上的行动。哥萨克人甚至在维尔纽斯还截获了拿破仑的装备、军队的宝藏和莫斯科的战利品箱子。自从儿子战死以来，哥萨克的领袖骑在马上就像个梦游者。一位目击者，马尔波上校-男爵写道：“普拉托夫还错过了拿破仑，当他经过他的营房时醉得太厉害了……”法国米歇尔·由伊元帅率领十七国六十万联军中的六万幸存者，也躲过了他的追踪。老哥萨克只是到了别列津纳河大杀戮时才醒过酒来。拿破仑用一句话来衡量形势：“普拉托夫，就像查理十二！”普拉托夫则反唇相讥：“他像瑞典人一错再错。”

哥萨克骑兵发现别列津纳河涨潮，就布下了陷阱。阿塔曼把装在雪橇上的火炮都集中在树林茂密的山岭上俯视着这口陷阱。他好几天观察着这些受骚扰、相互拥挤、队伍零乱的法国兵进行集结。再加上五万携家带口的俄国难民，使场面乱上加乱。远处，法国大军队中仅存的几个联队跟正规部队展开殊死战斗，暗红色的火光照亮地平线。皇帝在那里，由一位意大利上校德凡蒂负责保护工作。

渡河开始时井井有条。勒格朗师团首先上船，高呼：“皇帝万岁！”皇帝甚至还推车轴帮助步兵过河。他还开玩笑说：“我的福星回来了。”在对岸，施瓦岑堡元帅正在阻击已经到了那里的哥萨克人。他应该在军队渡河时遏制他们。普拉托夫那时进攻，为了把两支纵队隔开，不让他们向两座完好无损的桥梁集结。这场仗打了两天。俄罗斯全军都朝着这块猎肉扑去。11 月 28 日夜里，步兵的这座桥坍塌。活命的人都朝另一座桥赶过去。河岸坡度太陡，笨重的辎重车和大炮往下滑，翻倒，砸在整队在逃走的士兵身上。在这可怕的混乱中，只听到痛苦与愤怒的叫声。有人踩在那堆只剩一口气的伤员、妇女与孩童身上，走到摇摇欲坠的树脂木板桥上，自以为得救了。这时炮火像暴风雨般打在他们身上。躺地的马匹，断裂的木板，还有尸体都筑成了街垒。群众还在往前挤。黑夜中，哥萨克炮兵对着来自桥梁的哭喊声瞄准炮口。维克多师团在尸堆中杀出一条血路，一条看不见前面的壕沟。他们通过了。拂晓时，看到俄国人逼得太近，埃布莱将军下令把最后一座桥烧掉。这时的情景惨不忍睹，看见没有士卒相随的元帅与将军都在皇帝脚下啜泣。

1812 年标志亚历山大在位的一半时间，也是俄罗斯两个文化时期的分界线，打开走向普希金与果戈理的道路，通过他们又走向托尔斯泰与陀思妥耶夫斯基。然而，这一年还由于其他原因更有一层重要的象征意义。俄罗斯社会的矛盾十分显著。不同的社会阶层不是比邻相居，而是各自保留自己的文化传统与礼仪习俗。此外还有叶卡捷琳娜二世时代的“老人”与富有进取心、欧化的青年之间的世代冲突。但是在1812年，为了更有利于民族团结，这些矛盾一时也被人遗忘了——如同17世纪初，在乱世之后开始罗曼诺夫王朝，也发生过这样的事。

在精神领域中，1812年同样也是重要的。让我们不要忘记，沙皇同时是东正教国家的首脑，基督教军队总司令，崇尚家长制的人民之父。

春天，亚历山大御驾亲征之前，在圣彼得堡1811年祝圣的喀山圣母教堂里参加《赞美颂》仪式。当然，念的是《诗篇·第九十篇》，不论发生外部或内部的威胁时，念的总是这一篇：“主啊，你世世代代作我们的居所……”亚历山大听到这几句话身上一颤，前一天，不小心《圣经》从他的手里滑出，打开的正是《诗篇》的这一篇。不久以后，他已与他的大军一起，他要一位近臣选上一段《圣经》给他念念。那个人(显然知道和尊重教会的规矩)选的也是《诗篇·第九十篇》。这时皇上看出其中肯定含有神意。

12月，别列津纳河一战后，亚历山大与库图佐夫有过一番谈话，不但议论纯然的军事、政治与经济问题，也探讨形而上学问题。库图佐夫对自己的族长制哲学矢志不渝，认为俄罗斯军队的任务已经完成，战争实质上是结束了，取得百分之百胜利。但是对于沙皇来说，在1812年夏末秋初这些悲惨的日子里暴露出基督信念中的最深邃部分。给全球政治规划奠定基本理想的不是自由，也不是百科全书派，更不是孟德斯鸠，而是信仰、《福音书》和十字架。1812 年 12 月 25 日那个圣诞节，沙皇一下子签了两份宣言，一份宣布战争结束，一份建造救世主基督堂，这不应该仅仅看成是获得凯旋的教会方面的象征，也应是千年王国时代开始的标志，由俄罗斯面对欧洲宣布，由基督教国王亚历山大一世实现。不管沙皇是否意识到，从这里可以清楚看出"第三罗马"神话的一次新表态。第一罗马由于野蛮人的进攻与异端邪说的迷失而崩溃。第二罗马——君士坦丁堡——被土耳其的邪恶浪潮淹没。莫斯科是罗马的继承者，是第三座，也是上帝选择为其服务的最后之城。

从这份宣言已经透露出《神圣同盟》的初步观念，在 1816 年正式形成了组织。透过其中的曲折，应该把它看成是战后俄罗斯推广基督教福音工作的一部分，建立《圣经》印刷出版网络，尤其是把《圣经》译成现代俄语，让人直接接触到一切基督教典籍。

1812 年的万人坑应该是加深了两个民族的鸿沟。1814 年 3 月 31 日，沙皇与他的军队开入法国首都。看到拿破仑雕像放倒在地，亚历山大只是说了一句："要是把我竖得那么高，我怕我会头晕的。"

哥萨克人在巴黎

那天,巴黎在燥热中醒来。从维莱特栏杆到马德兰广场,密集的人群留出一条路,两边隔有一排城市警察。男男女女心情复杂,蹲在凳子、界石,甚至马车顶层,等待同盟军列队通过。将近中午,鼓声渐近。为首前来的是俄罗斯人,身穿绿制服,头戴插羽毛的筒状军帽。按照沙皇的命令,他们在右臂缠一条白缎带,刺刀上插一支绿叶枝,以示友好。前头部队后面是一片森林似的长矛。阳光舞动在勋章和刀尖上。顿河的哥萨克人,并排十五名骑兵,走在俄国沙皇前面。沙皇的右边是骑在马上的施瓦岑堡亲王,代表奥地利皇帝。普鲁士国王在他的左边颠着马走。他们拿着两角帽向面无表情的群众致意。当队伍走上林荫大道时,举起白色标识的密集人群大声向沙皇与波旁王族欢呼。在内河粮仓路那块地段,有真正的群众向同盟军欢呼。亚历山大脸带笑容挥手答礼。

俄国沙皇的一位副官是幸运的见证人,他说:"巴黎万人空巷来观看这个美好的场面。法国人很好奇,很有勇气,立即靠近我们……一位女士穿得讲究,非常漂亮,看不到俄国皇帝,我向她建议上马骑在我前面，她立刻接受，整个游行时间，她静静在马背上靠着我。其他人要求我身边的战友给予同样的好意。一下子，十来个女人上了马。皇帝看到了微笑，还指给普鲁士国王看。”

在托尔托尼这家时尚饮冰室的露天座上，响起一声：“哥萨克人万岁！皇帝万岁！国王万岁！联盟军万岁！”当他们的军官被人争相邀至圣日耳曼城郊的每家沙龙作客，哥萨克人在香榭丽舍大街和布洛涅森林生起了篝火。许多巴黎人过来听他们的歌声在夜晚响起，接着几天全家过来散步要闻一闻大铁锅里浓汤的香味。对他们樵夫住的小茅屋，他们喝酒海量，他们手握大刀跳大神似的舞蹈，他们的服装和一切，都看得入了迷。立即出现了“哥萨克热”。淑女小姐戴了一顶裘皮高帽配她们的手笼。吸收“bistro”一词，这词原意是“快”[1]。至于王宫附近的妓女，跟一名粗鲁和猴急的客人交易，称为“哥萨克式”服务。

今日乔治五世地铁站就是当年哥萨克人的主要营地。前一天还受人唾弃的骑兵，此时也有女游客愿意上马骑在他们身背后。每天早晨，有人来蒂勒黎宫花园把哥萨克人的操练当戏看。

沙皇没有住进权力中心蒂勒黎宫，而是爱丽舍宫，不像他的敌手拿破仑把自己安置在克里姆林宫。根据对巴黎市代表团作出的承诺，国民自卫队保留他们的武器，俄罗斯士兵不住进老百姓家里。

俄国皇帝在巴黎散步不带扈从。他去荣军院向奥斯特里茨一役

---

① Bistro，在法语中意为“小餐馆”、“小酒店”，然而对此词的引入也有不同看法。

的将士致敬,从收回的战利品中还给他们留下十二尊大炮“作为对勇武精神的致意”。

“我们等待陛下已经很久了,”其中一人大着胆子这样说。

“要不是你们军人的勇敢,我是早就来了!”沙皇谦逊地说。

俄罗斯的主人,反拿破仑同盟的仲裁人,曾对自己的胜利的后续工作犹豫再三,他不同于他的同盟者,自问在复辟过程中他应该让法国大革命带来的好事留下什么。我们在前一章节读到,沙皇在青少年时代就从法国受到双重影响,法国哲学家与流亡贵族相互矛盾的思想。拿破仑一消失,这些思想又开始折磨他的内心。从 1813 年起,在圣彼得堡他周围的法国人一直为覆灭的王朝做工作。当他的军队向巴黎推进时,他听到到处在提同样的问题:“法国是被他的军队解放的,波旁家会不会再来重新掌权①?”

“这一切是为了波旁家吗?”

“我一点不想这样。在你们中间选择一位领袖,我们准备接受他。”他让人听出在他看来贝尔纳多特②是最佳选择。

沙皇的梦想是让初级议会选出一个国民公会,由他从前的教师拉哈普遥控辩论情况,给法国组成一个政府。当波旁王族的说客,主

① 1814 年 2 月,在朗格勒,他与雷尼埃将军一次谈到这个问题。他说:“布吕歇(普军元帅,同盟军司令)会比你先到巴黎,拿破仑叫我丢过脸;我也会叫他丢脸。我实在不想跟法国打仗,他若死了,我就立刻罢手。”

② 贝尔纳多特(1763~1844),法国元帅,瑞典和挪威国王(1818~1844)。1790 年坚决支持法国革命。1799 年一度任陆军部长。反对拿破仑权力野心。1810 年执掌瑞典国政。1812~1813 年,先后同俄、英、普鲁士结盟,并参加反拿破仑战争。拿破仑第一次退位后,试图当法国国王,未果。

要是维特罗尔，前来跟他商量要把这桩买卖塞到他手里，亚历山大回答说：

"波旁家的人不会克制他们的朋友；把他们扶上台容易，让他们坐稳很难。只要我在位一天，"沙皇最后说，"我只认法国国家做我的同盟。"

这样，当他发觉从外交上来说唯一的解决办法是恢复旧王朝，他几乎是违心接受了波旁的复辟。

"王权神授，"他对路易十八直截了当说，"在法国再也没有号召力了。提醒你家的人认真对待参议院所做的努力。为什么在老百姓面前拒绝宣誓和戴三色帽徽？"

从沙皇嘴里说出这些惊人之言。法国君主只是讷讷回答说他登位是基于这一个原则：合法性。这个概念还是塔莱朗不久前想出来的，都由复辟的王朝写在敕令开头予以确认了。

此后，路易十八竭力要让亚历山大觉得他是真正的国王。他邀请同盟国君王晚宴，自己第一个入席；在阳台上检阅军队，他给自己端了一把椅子，沙皇看了好笑。可是亚历山大自己在名声如日中天时，内心却烦躁不安。他在巴黎受到夹道欢迎，精神上一直是亲法的，觉得有责任给法国人民带来和平。1815年，正教教会与罗马教会的复活节恰巧在同一天，这是千载难逢的事。沙皇抓住这个历史性机遇，在协和广场上根据希腊礼仪庆祝复活节弥撒。仪式完毕，他写下这几句话：

"这对于我的心是一个庄重、感人与可怕的时刻。我遵照上帝深不可测的神意,率领我的正教战士走出他们寒冷的北方国土,为了向主献上我们共同的祈祷……”

从1812年后,他在精神上成了另一个人。他不但相信上帝,也相信他勤读不止的《福音书》,怀着焦切的心情注视和解释神意在这个世界上的表现。

他在法国时曾向当时著名的术士勒诺曼讨教,1815年在海德尔堡遇见克鲁特纳夫人。这位波罗的海女占卜师,在他眼前打开了直至那时封闭的地平线。这位神秘的灵感仙子,使贝纳丹·德·圣彼得受到极大的启发,一次偶遇中给夏托布里昂留下深刻印象,是斯黛尔夫人的朋友,本雅明·康斯坦对她情有独钟。她性格怪僻,钻研灵修,崇尚摩拉维亚兄弟会的思想(一个追求新灵修的秘密团体),看到埃罗大屠杀深感震惊,变成了1807年信仰复兴的战士。从那时起,她在全欧洲起的影响日益增大,用她神赐的形而上功夫使荷兰奥登斯王后、普鲁士王后、俄罗斯皇后为之入迷。这当然也不妨碍朱丽·德·克鲁特纳对于被她选中的男人施展她的权力。首先得宠的是宗教界地位至高无上,也是红尘中级别最显赫的人,那就是沙皇本人。在百日王朝期间,她的影响大得可以要求沙皇当“上帝选民的重任,领导新基督教会”。百日事件结束后,她去巴黎,沿途慰问和救助这场新战争的受害者。沙皇与她在爱丽舍宫里重续他们在德国开始的神秘谈话,不久她在自己的宗教集会上吸引了不同阵营的人:夏托布里昂、本雅明·康斯坦、格雷古瓦、德·杜拉斯夫人和雷加米埃夫人。她在胜者与败者之间竭力调解,促使缓和强加于法国乞和的条件。“最后，”她说，“让战败国向上帝认错吧，它会重新找到在世间的地位的。”

在俄罗斯军队回归道德营地的宗教庆功仪式上，这位奇特的灵性女子像一位苦修王后出现，神圣同盟也立刻缔约遂了她的心愿。在普鲁士国王与奥地利皇帝已签字的条约框架内，沙皇试图以他的影响提出一份合约，按照基督教原则维持欧洲和平。这个奇异的影响，产生于全球最有文化教养的阶层，随着沙皇结束巴黎行程后不久也就消失了。

王朝复辟一经宣布后，几乎所有在俄国宫廷和军队里避难的流亡者，立刻宣布要返回法国的愿望。黎塞留是第一批回国的人，看到自己作为敖德萨总督抛下未竟事业不无遗憾[①]。1813 年，玛丽-安多纳特王后的姐姐潜逃到俄罗斯的这块南方地区，他接待过她，那时他没想到第二年路易十六的弟弟也要求他帮助。然而，他还是抓紧一切机会向他从前治下的人表示关心。在圣彼得堡法国贵族社团的人员中间，塔兰托公主与波里尼亚克公爵再也没见到自己的祖国就过世了。拉斯蒂尼亚克、达马、布罗格利、圣奥莱尔、坎索那、罗什舒亚尔都陆续回国，朝廷内的官职，军队内的军职或者贵族院的议席都等待着他们。

---

① 他在书中写道：“黑海沿岸地区已是我内心珍爱的另一个祖国，当地居民对我微不足道的贡献表示的好意与感激，永远把我与这块土地联系在一起。而且感激之情愈大，离别之情也愈痛苦。若不是盼望有朝一日重见我深爱的敖德萨而感到宽慰，这次离别更令我不能自已……”

亚历山大被法国影响与民族传统搅得心神不宁，老是感觉自己被鬼魂追逐，又时而看到它们在眼前消失。作为凡人与亲王，他自有明显的弱点。这也使人想起20世纪克里姆林宫的领袖米哈依·戈巴尔乔夫的出尔反尔。亚历山大对拿破仑由轻视到热忱，由热忱到刻骨仇恨；对待波旁王族也是如此，他给他们庇护，让他们离开也毫无遗憾。

1812年，在他打了胜仗后的第二天说过这样的话："不，坐皇位不是我的天职，如果我能够光荣地改变地位，我是愿意这样做的。"他甚至想到只带一名副官到黑海岸边做一个普通的当地人。他宣称："别人说我什么都是白说，我生时与死去都是个共和主义者。"这一次他说的也是真心话；只是他从来没有真正认识自己，他不是拿破仑说的俄罗斯塔尔玛。但是——借用弗洛伊德的这句话——"这种性格上的双重性太说明他是个俄罗斯人。"如同陀思妥耶夫斯基的小说主角，这位神秘兮兮的沙皇"犯罪，赎罪，再犯罪"。

俄罗斯的占领直至1818年才结束，有四万五千人驻扎在北方，让两国人民可以更好认识对方。如果说在复辟时期两国的官方关系变得紧张，巴黎对于有教养的俄国人来说依然是"真正的精神祖国"，他们遇到机会就去巴黎的沙龙、剧院、索邦大学和法兰西学院的课堂，有的人还去国民议会。即使像罗斯托普钦这样的反法派（1812年前莫斯科总督，塞居尔夫人的父亲），最后也说到"法国的奇怪磁石"。对于自由思想者，这是圣西门、卡贝、傅立叶、路易·布朗，尤其是令他们入迷的乔治·桑的法兰西。

时值亚历山大执政后期，受到这种亲法思想的鼓动，克鲁特纳夫人又出现在俄罗斯，但是她的魔法不灵了，找不到门路接近皇帝。然而男爵夫人又深信她有"宗教"使命在身，不计一切代价要见到他。18世纪末期，她在圣彼得堡度过她的青春年华，在她著名的巴黎良宵后六年，又回到圣彼得堡，住进首都城郊一幢很有气派的大房子，远离皇宫的笙歌宴舞。然而事与愿违，朱丽·德·克鲁特纳没能恢复从前的氛围。亚历山大日益衰弱，那时落在一位粗暴的心腹控制下，那是阿拉克切耶夫将军，他不许男爵夫人接近。令她颜面扫地的是，由于她的行动被认为有意鼓动希腊人起义，1822年还是由沙皇亲自下令把她放逐。她的晚年也是符合她荒诞不经的形象。她的一位女友加里茨娜公主，把一半财产交给她支配，另一半财产的用途则可笑之至——荒唐的公主把它给了丈夫，要他保证再也不上她的床。男爵夫人用这笔钱与她的女保护人在克里米尔创立了一个半基督教半秘传性质的怪异社团。加里茨娜公主扮成男人，克鲁特纳男爵夫人头戴金黄色假发，结成奇怪的一对，有一天又有第三个更神秘莫测的女人加入她们。这是一位法国老女人，长久以来以阿歇特伯爵夫人的名字在圣彼得堡很出名，其实她不是别人，而是雅娜·德·拉·莫特，项链事件的女主角①。

① 项链事件。法国大革命前夕，罗昂红衣主教试图邀宠于玛丽·安多纳特王后，买了价值一百六十万里尔的项链托人送给王后。后来他接到所谓王后的致谢信，还得到假扮的王后的接见。其实俱是德·拉·莫特伯爵夫人和意大利冒险家卡格里斯特罗设下的圈套。骗局拆穿后，王后的奢侈贪婪暴露于光天化日之下，成为当时宫廷一大丑闻。

1817 年 9 月 8 日，在横贯俄罗斯的一次旅途中，亚历山大坐在副官身边用餐，这时他出人意料地对他说出知心话，语调非同寻常的坚决，用的是法语：

“当一个人有幸当上我们这么一个国家的首脑，危险时刻就应该第一个迎头而上。但是只有他的体力够得上这样做时才应该留在位子上。一过这个时间，他必须退下来。至于我，”他继续说，“我此时精力旺盛，但是十年或者十五年以后，那时……”

亚历山大被过去的事销蚀更多心力，对于他觉得捉摸不定的未来也同样自问不已。他对身边的人不断地提到他希望放弃所有的职务，退隐遁世。他觉得精神生活是让他摆脱苦恼的最佳方法。1825 年 10 月 20 日。亚历山大为了远离首都的颓废风气，去克里米亚旅行。他在那里得到一幢产业，希望不久退休像个普通人那样在那里生活。但是 27 日他着了凉。他回到南方的一座小城塔甘罗格，皇后在那里等着他，他卧床不起了。11 月 18 日，他陷入半昏迷状态，第二天气绝身亡。但是很快传至俄国全境的流言说沙皇没有驾崩，他只是放弃了世事……

亚历山大的弥留时刻，以及他的尸体到圣彼得堡，然后又到莫斯科的运送过程，都有很多传说。伴随皇帝去世的传奇，可能来自这一件事。他实际上是 1825 年死在塔甘罗格，还是他实现自己的梦想，离开浊世到西伯利亚当隐士去了？当亚历山大在高烧中挣扎时，一桩意外事夺去了他的一名副官的生命。在近臣的配合下，很可能把他的尸体以沙皇的名义埋葬入土，让那位神秘的帝王潜往他的西伯利亚隐居。沙皇遗体放在克里姆林宫大天使大教堂里，群众不允许在遗体面前绕行瞻仰，皇太后也辨认不出她的儿子，这些事使这个假设不胫而走。

这是一个精心编排的神话么？不论答案是什么，西伯利亚确实有一位隐士的行为，能够证实那些绝不怀疑其来源的人的说法。

亚历山大逝世后十年，1836 年秋天那段时间，在西伯利亚西部彼尔姆地区，农民窥见一座森林边沿有一个白点子。徐徐辨别出这是一位白胡子男人高傲的身影，骑在一匹浅灰色马上。那人要求给他的马钉马掌，马蹄铁匠见他的举止怪异，起了疑心报告警察局。那个人拒绝回答乡警的问题，只是说自己名叶费德尔·库兹米奇，无亲无友。他就被遣送到穷乡僻角。他远离文明，在一个小屋里住下。不久，愈来愈多的访客来到他的隐居地。一些亲王和其他名人都从远地来看这位隐士。有一个村民比别人更大胆，走进他的家，发现墙上挂的都是精致的绘画。有一天，有几位访客见了这地方破旧不堪的情景起了怜悯之心，向他提出给他修理一下窗子。尽管遭到拒绝，他们还是坚持。隐士大光其火，高声吼叫："你们要是知道我是谁，你们就不会这样顶撞了！"

隐士宁可独居诵经也不愿跟人接触，渐渐对一切访客都拒之门外。他死后埋葬在当地的一块坟场，但是他的坟墓成为朝拜的对象，当局决定把他迁葬在一座小教堂里，不久一群香客又蜂拥而至，深信这位隐士就是英年早逝、热爱法国文化的亚历山大一世沙皇。

十二月党人

1825年12月14日，对俄罗斯人是个永志不忘的日子。那一天，一群亲法军官欲在圣彼得堡发动一次政变。造反的根源要追溯到哥萨克人驻扎在香榭丽舍时期，那时最杰出的俄国军官看到了启蒙时期的光芒返照。他们的宏图是高尚的，他们要铲除农奴制，让俄罗斯走上自由化大道。

但是这次出击没有做好充分准备。起义日子的选择首先受到亚历山大一世遽然去世消息宣布的限制，其次是消息传来说密谋已经泄露，策划者的名单已被政府掌握。什么都在一片混乱中发生。谢尔盖·特鲁贝兹科依亲王，禁卫军上校，原定是起义的领导者，却没有陪同其他密谋者到参议院广场发动暴乱。差不多有五个小时，士兵排成方阵，等待着起义军官作出决定，而起义军官却不知道怎么办。天气大寒，温度降至零下八摄氏度。

前一世纪俄罗斯皇家禁卫军的密谋活动，其特点是被推翻的帝王没有反抗。他们遭到突然袭击失去权力，经常还失去生命。但是内定的新沙皇尼古拉一世不甘心就范。他深信自己有权登上王位，在这场困难和混乱的局势中，表示出毫不畏缩的决心与毅力。对于十二月党人来说，尽管按兵不动，若采取另一种态度或许也可能取得胜利。

夜幕开始降临。沙皇不停止与叛乱者谈判，同时又在集结力量，派人寻找炮兵部队。一阵炮火落在一动不动的方阵上，士兵开始作鸟兽散，抛下死者与伤者不顾。起义就这样给击溃了。

镇压是无情的。五名叛乱者领袖被吊死，几百人流放到西伯利亚，长期协同传播自由派思想的协会退缩了，居然心安理得地背叛昨天还被认为是俄罗斯贵族中最优秀、最高贵的代表人物。只有几位妇女，许多原籍法国，对于处在困境中的同伴矢志不渝，还到西伯利亚的苦役场安慰他们。这些妇女中间有卡特琳·特鲁贝兹科依，原姓拉瓦尔，其父亲就是那位法国流亡者，后成为沙皇的侍从，让·夏尔·弗朗索瓦·德·拉瓦尔·德·拉·鲁勃里。

卡特琳·德·拉瓦尔有一个幸福的童年。母亲对她温柔，父亲受她崇拜，不久又遇到白马王子。他属于一个大家族，即特鲁贝兹科依，这个名字在俄罗斯历史上留下印记。法国伯爵的女儿与俄国青年军官的婚礼在巴黎的一座俄国教堂里举行。这对新人回到圣彼得堡就住进了父辈的宫殿里。

两夫妻都深爱法国文化，生活中毫无嫌隙，主持一个名声卓著的文学沙龙，诗人与作家在此相聚。

当时，沙皇帝国的首都是联系俄罗斯与欧洲的纽带，虽然俄罗斯精神始终占主导地位，也体现不同语言、习俗与服饰习惯的混合体。

在房屋的建筑上，在家具的布置上，受过良好教育的富人家都试图摹仿圣日耳曼郊区的独特情趣，从更大的范围来说全俄罗斯无不如此。斯黛尔夫人初次访问俄国时对这一切都已了然于心："俄罗斯人是被迫生活在北方的南方人。"女人追随巴黎时尚，交际场上的人彼此说法语。大宅邸里装饰的是从法国进口的精致的绘画与家具。花园的建筑物具备凡尔赛宫花坛的古典美。芭蕾、歌剧、交响乐、戏剧轮番演出；一切都精彩绝伦，艺术家都享有国际声誉。

在特鲁贝兹科依家喝的是法国酒，但是传统饮料（小麦与果汁发酵酿制的饮料）在桌上常年不缺；在盛大宴席端上来的是法国菜，但是受欢迎的还是俄国菜。

这座城市的两大建筑杰作，也出自一位法国建筑师蒙弗朗之手，那是亚历山大柱和稍后建成的圣以撒大教堂——他一生的大作品。首都的上等社会死心塌地地要保持法国化。但是从 18 世纪以来法国影响也变了面目。前一个世代是在哲学思想的教养下成长的。19 世纪的子弟受感情的推动，跃跃欲试要把思想付诸实现；上一辈的人讨论问题，但不做什么，下一辈的人讨论也不逊色，但是寻求介入行动的机会，十二月党青年军官的运动就是由此而来的。

这些十二月党军官起义失败后，卡特琳的丈夫特鲁贝兹科依亲王没有像五位战友那样被吊死。当她得知他已被沙皇赦免，遣往西伯利亚，立刻写信让人送到彼得与保罗监狱，告诉他希望跟随他一起去流放。这样惊人的表白在整个圣彼得堡如同雷鸣一般。卡特琳抢在流言传播之前给尼古拉一世写过信，要求恩准她分担丈夫的刑罚，实现他们在婚礼上的誓言：有福同享，有难同当。皇帝一点不反对。这样，卡特琳走上了西伯利亚之路。

进入秋季，气候比在俄罗斯还严酷得多，这个成为俄罗斯人的法国女人终于达到了自己的目的。西伯利亚土地广袤，不宜居住，公路与铁路交通不便，人口稀少，违反法律与不幸冒犯主人的人流放至此，尽管这一切不利条件，还是个摆脱压制与不受束缚的地方。

少妇见到丈夫身体已很虚弱。一种新生活等待着这对患难夫妻。他们只能一周两次在小屋里见面。这样生下了五个孩子：1830年2月，小亚历山大；然后1835年尼基塔，1836年伊凡，一年后齐那依达，1838年弗拉基米尔。

当卡特琳接到父亲的第一封信，眼泪禁不住簌簌落了下来。她不得不面对她深爱的父亲的绝对敌视态度，认识到对于拉瓦尔伯爵来说，特鲁贝兹科依不再存在，因为他是她女儿不幸的原因，为此他不能原谅他……

亲王傲然忍受自己的命运，他患肺结核，但决不低声下气。他像每个犯人，关在一间没有窗户的小室内，躺在夯土上的一块草褥上。命运的打击接着还更加厉害。从1843年起，卡特琳接连失去四个孩子。她身心交瘁，变得对一切都漠不在乎。1847年，换了新总督，放松对他们的囚禁条件，事情似乎有所改善。卡特琳刚过了五十岁，不能掩盖岁月与艰辛留在她身上的伤痕。她给姐姐写信，思想无比清晰："我的衣着与外表完全是个老妇，我觉得自己老得可怕。"她受癌症销蚀，无力抗争，最后还是倒了下来。

还有两个法国女人波丽娜·盖尔贝和卡米耶·勒·丹杜，也像卡特琳跟了爱人走进西伯利亚苦役场。此外，大仲马还把波丽娜·盖尔贝写进了《武术大师》这部书里。

西伯利亚的冰雪似乎不会灭掉夫妇的炽烈热情，因为十八个月后，波丽娜这位娇小的法国帽子女商人怀孕了。这对夫妇在 1856 年获得自由与正式赦免，那时过上了另一种生活，享受乡村的平静、宴会的豪华与同类人的尊敬，以致阿年可夫伯爵当选为下诺夫哥罗德地区的贵族元帅职。当然这个高位满足他的虚荣心，但是他的幸福永远是在波丽娜身上。她是他的安慰、温情，尤其是他所说的“温柔的微笑”。在历经一切考验的夫妇中间这也是常情，但是死亡的离别对于劫后余生形成的打击，则令人不堪忍受。波丽娜在 1876 年 12 月过世后，她的丈夫从此萎靡不振，过了一年后也撒手人寰。

法国女管家的女儿卡米耶·勒·丹杜，她也去寻找一位被放逐的军官。不幸的是，这位少妇在几个月内日趋衰弱，死在惊呆的丈夫眼前。

那时期，法国与俄罗斯之间正在进行大量重大的思想交流。从此，社会各阶层的法国人，从勤奋的家庭教师到受热烈推荐的贵族，都朝着这个神秘的大国去寻找成功、财富、新印象、谈话资料。一些人如巴尔扎克或居斯蒂纳，都以为在俄国制度里找到了政治品德，另一些人到俄罗斯去打猎、绘画、开音乐会、研究文学与风土人情。

巴黎与莫斯科之间要坐上五星期的马车，横隔三条国境线：法国、瑞士、德国，分十个阶段才能越过。从此以后，法国与俄罗斯之间文化亲缘是无可争辩的事实了。

俄国人启发司汤达写出了阿芒斯这个人物；沙皇帝国中另一位人物夏娃·韩斯卡成了巴尔扎克的缪斯；而许多法国女性征服了俄罗斯最伟大的诗人普希金的心；还不要忘记娜杰达·那利切金，小仲马的妻子；或另一位特鲁贝兹科依，莫尔尼公爵的妻子；还有千娇百媚的女歌唱家波丽娜·维亚尔多，她陪伴最法国化的俄国作家屠格涅夫前后有好几年。

在那个阶段，司汤达的阿芒斯是一位参照性人物。对他来说，她体现了俄罗斯妇女中最理想的形象："佐依洛夫小姐表面上温柔体贴，内心则刚强不屈，她童年在严酷的气候中成长，这也造就了她这样的性格……她一双深蓝色大眼睛勾人魂魄。"这位女主角是在"俄罗斯内地的一座小镇"长大的，"……全部财产是一百路易的年金"。最后受姑妈的邀请到了法国，司汤达也把自己对俄罗斯妇女的热情沾染了他的朋友梅里美。对司汤达来说，阿芒斯生于塞瓦斯托波尔，母亲是年轻的流亡贵族，路易十八时代在叶尔加瓦，父亲是俄国上校，"出身于莫斯科政府内最显赫的家族之一……这位少女的面貌，她的温良随和都带有亚洲人的风情，尽管年纪已过，还像没有摆脱童年"。这完全在象征处于欧亚两洲中间的俄罗斯文化。阿芒斯在法国人面前容光焕发，展现俄罗斯本质上的魅力："她气度雍容，含蓄迷人。不需有意也引人注目，时时刻刻会得到成功的机会，这位少女使谁都感兴趣。"阿芒斯在圣日耳曼郊区的贵族沙龙里款款而行，司汤达在此更提到她的性格，产生一种怀疑，这显然是他对心理描写的一种尝试:“阿芒斯一眼就能看出,人生中的一个突变会包含什么样的后果,我不知道这种天赋是由于她血管中流动的是萨尔马提亚人[①]的血液,还是她早年遭受的不幸。”

但是这位阿芒斯是谁呢?从她那里产生了法国文学中的第一部浪漫主义杰作。作者在给梅里美的一封信中,对启发他写出这个人物的神秘女人有个初步的提示。可能是斯特罗加诺夫先生的情妇的伴娘……有人认为阿芒斯还是来自克鲁特纳夫人,她就是前一章提到的传奇人物朱丽。司汤达第一部小说的精华就在于此,通过奥克塔夫这个人物遇到从冰天雪地来的神秘女郎,产生爱情的细微变化,引起内心的混乱,作出环环相扣的安排。

但是阿芒斯这个人物则是从沙皇帝国过来的真实女性的先行者,不久将在那时代的巴黎大出风头。

冲突的年代,甚至1812年的战争,也似乎在两个国家的潜意识中遗忘了。

① 萨尔马提亚人,一译萨尔马泰人。古代中亚细亚西北地区的游牧部落。逐水草而居,善骑射。

一位法国旅行家在雪国

进入1840年代，在法国出版了两部关于两个大国的极为重要的著作。这些作品对未来产生广泛的影响。这是托克维尔的《论美国民主》与居斯蒂纳的《俄罗斯在1839年》。当然，居斯蒂纳介绍的俄罗斯远远不及司汤达浪漫，但是他的作品也不像托克维尔那部主要是政治分析。《俄罗斯在1839年》这部书迥然不同，它是一位敏感，还可说是内行的旅行家的报道。居斯蒂纳是文学家，写旅行专栏、小说、诗歌、优美的书信。因而他的散文有印象派风格，他知道创造氛围，而不损及真情。他不是一位希望保卫一项事业和一个观点的政治理论家，而是目光尖锐的见证人，因为他的视角独特，从外部研究又就近观察形形色色的社会。

他的证词恰如其分，经受住今天俄罗斯现实的考验，这是一篇美丽的范文，机智实用，比理论与先入之见更值得人们的信任。

居斯蒂纳侯爵(1790～1857)出发前往俄罗斯之前，已对外国有很好的了解。他去过瑞士和意大利(1811～1812)、英国和苏格兰(1822)，在苏格兰遇到过沃尔特·司各特。他1820年又去英国，后来1831年到西班牙。司汤达与圣柏夫(很难找到比他们更严格要求的评论家)对他的旅途见闻、对不同民族的印象都有很高的评价。“您是个旅行家典范”,巴尔扎克写信对他说。居斯蒂纳的箴言是:“看见才会知道”,说自己是旅行魔鬼附身,强调这样实现自身价值。

居斯蒂纳的祖父出身于洛林的一个大家族,离家去帮助美国革命者,在约克敦指挥自建的一个团;他从那里带回了对自由的崇拜,雅各宾党很不喜欢他,这使他在第一批人中走上了断头台。第二年,居斯蒂纳的父亲,在战场上参加革命,也继承了自由思想,被打败后也轮到他被送上了断头台。美丽迷人的未亡人德尔菲娜也被监禁;儿子得了黄疸病,整个童年神经过敏,常得偏头痛。亏了母亲与老奶娘的虔诚才活了下来。成年以后也从未针对父亲与祖父的加害人吐露过一句怨恨的话。在那些混乱的年代,对于德尔菲娜个人有利的证据,虽然不够明确,也出现了不少。她在监狱里跟后来成为拿破仑妻子的约瑟芬做了朋友。她同样叫警务大臣富歇和斯黛尔夫人为之倾倒,后者热爱本雅明·康斯坦,但也不排斥“对同性者的温情”。斯黛尔夫人还在书里用德尔菲娜的名字,使她出了名。夏托布里昂也是德尔菲娜的情人,他对她的儿子及其文学倾向具有无可争议的影响。

当居斯蒂纳前去俄罗斯时,尽管围绕叶卡捷琳娜二世与俄罗斯人抗击拿破仑的辉煌胜利传说纷纭,对于西方还是个陌生的国家。他竭力去适应这个那么不同的文明。他有自己提供消息和进行接触的人,之前也读过当时最有成就的历史学家卡兰基姆的书籍。但是让他受益的是他性格天生独立，因而他不像狄德罗跌入俄罗斯向他阿谀奉承设下的陷阱；他比那位哲学家更善于抵挡。他的书里不掺入任何个人想法去掩盖或美化现实，俄罗斯人也不是没有竭力做什么事去得到相反的结果。尼古拉一世和皇后接见侯爵，向他提出的当然是自己对国家的看法。他们对于外国的评论十分敏感，希望居斯蒂纳在报道中按照沙皇本人期望的那样去做。侯爵很快就明白，俄罗斯采取了一切预防措施向国外隐瞒国家大事，谁都不允许在这里深入了解到“事物的实质”。俄罗斯人把一切批评看成是背叛，一切对他们不利的真情看成是谎言。这种对于真情漠不在乎的态度，这种要生活在谎言中的愿望，使他深感震惊，把这看作是一场真正的阴谋。在尼古拉一世治下，有人已经诋毁他哥哥亚历山大一世那时的制度，大多数人无法辨别真假。但是圣彼得堡不当它一回事——这也使西方观察家感到震惊。他看到谎言大行其道，有“一种恶意的观察、尖刻的嫉妒、讽刺的悲哀”。刑法已经逐步公布，但是真正的判刑与此完全脱节。死刑从原则上已经废除，但是成千上万人死在西伯利亚的矿里（在20世纪达几十万人）。在这个国家人命与人是不值钱的。在俄罗斯与在西方国家，残酷没有同样的含义。在这里，死刑与酷刑施行时冷酷无情，这与法国革命家热情澎湃的残暴形成对照。但是居斯蒂纳觉得这种“无声的宿命论”更加狰狞可怕。

这难道是俄罗斯人深刻天性中的一面吗？索尔仁尼琴谴责共产主义革命中的诟病，这也引起我们对他的作品经常有争议。但是这一切不是俄罗斯固有的吗？“俄罗斯人对俄罗斯人这样做，就只是因为他们是俄罗斯人，其根源要比20世纪事件的后果还深远，我们应该这样想吗？"这是事件的症结，这好像居斯蒂纳更接近真理，显然也更少偏袒。他说："在俄罗斯总是有被人刺探的氛围。"他的信件确实被人私拆，行李被人搜查，书籍被人没收。这使我们想起俄罗斯诗人涅克拉索夫的那部名著：《谁在俄罗斯过得自由与幸福》。

居斯蒂纳承认历代沙皇是欧洲人、亲法派、欧洲王朝文明社会的一分子，但是他对尼古拉一世没有一点好感，对尼古拉一世来说，"要在这个大马蜂窝里建立秩序，他不得不这样做"。尼古拉一世的哥哥害怕被人毒死，拒绝接受王位。最终说来，只有贵族集团能够或者大约能够让这么一个涣散离心的社会抱成一团。在沙皇显示的表面一致现象之下，存在那么多的民族、宗教、语言和习俗。沙皇对居斯蒂纳说心里话，他可以接受共和制，但是他憎恨君主立宪制，也就是说任何形式的温和。

居斯蒂纳发现俄罗斯人在骨子里"野心勃勃——俄罗斯人的自豪使他们对政府的残暴熟视无睹"。他清楚地意识到受害者本人也几乎是这么一个警察国家的同谋，因为人人都会去告密，在这个官僚暴政下卑躬屈膝；一个无辜判刑的受害者会坦白自己没有犯过的罪恶……

侯爵不缺乏洞察力与本能感觉。他在观察与预见方面的天赋，胜过托克维尔对美国民主的种种智力运算与书卷气十足的预测。

俄罗斯间谍布控巴黎沙龙

居斯蒂纳《俄罗斯在 1839 年》一书的出版对圣彼得堡印象产生负面影响,俄罗斯旅行者对法国的忠诚还是依旧。即使两国间关系隔一阵子产生不同的危机,也没有改变这个格局。1831 年波兰革命遭到镇压,引起轰轰烈烈的反俄怒潮;1848 年革命的失败,让俄罗斯自由派知识分子大失所望,嘲笑法国中产阶级。奇怪的是俄罗斯贵族从 1840 年起在巴黎开始吃香起来。因而,巴尔扎克在他《巴黎杂志》撰写国内政治专栏,栏名为《俄罗斯来鸿》,寄自"圣彼得堡的一位亲王"。他戴上这副面具,对法国现存制度重炮猛轰。

在两国关系发生危机时刻,法国政府对所有亲王、王妃、公主都表示怀疑,他们抓了满把金币往外花,尤其那时候沙皇的秘密警察头子本肯道尔夫竟然出了个妙主意,利用文学沙龙搜集情报。这项决定后果严重,尤其居斯蒂纳一书在 1843 年出版,在广大群众面前揭露沙皇监控广深得无孔不入,俄罗斯臣民与外国人无一幸免。

从那个日子开始,俄罗斯间谍活动变成一条成规。1845 年 3 月 15 日《画报》画了一张小图表,列举这些间谍活动:"俄罗斯派来法国的不是布尔乔亚和庄稼汉，而是大官僚，他们的拜访差不多都另有目的或者带有一项秘密使命。”

路易-菲力浦七月王朝时代（1830～1848）的巴黎，是这两个迥然不同的世界的代表人物频频会面的一块宝地。俄罗斯贵妇可以轻而易举地在巴黎市中心开一家沙龙，吸引她们希望出席的各界名人前来参加。列文夫人是来自沙皇帝国的一位波罗的海贵族，她的沙龙给法国人与俄罗斯人穿针引线。她公开支持基佐[1]个人，与他的政治命运共进退，二十年间接待了来自世界各国的外交家与政治家。卡斯特朗元帅称她是“俄罗斯皇帝未公开承认的女大使”。事实上列文夫人一直与她的兄弟保持通信，他不是别人，正是沙皇的警察头子；她也不隐瞒；从而她的外交家客人也不可能给她递送国家秘密情报。

在这些俄国沙龙的头面人物中，必须提一提巴格拉星公主，她因与奥地利首相梅特涅有交情而出名。她主要接待作家，后半生里以巴尔扎克为主客。至于拉祖莫夫斯基伯爵夫人，每周二在朝向香榭丽舍的公寓内接待客人，“为了汇集大美女、人才子、天才名人于一堂”，几乎是清一色的俄罗斯人。“弹钢琴、唱浪漫曲、玩惠斯特。”

但是从沙皇帝国来的“美惠三女神”，吸引了巴黎上等社会的目光：玛丽亚·卡莱吉斯，她启发泰奥菲尔·戈蒂埃写出《C大调交响曲》；她的表妹莉迪娅·奈斯罗特伯爵夫人，还有她们的共同朋友娜

---

① 基佐（1787～1874），法国政治活动家，历史学家。采取君主立宪主义立场，历任内政大臣、国民教育大臣、外交大臣、首相等要职。

黛塔·纳里契金。这三位各擅特长的女性叫才子们拜倒在石榴裙下。受玛丽亚·卡莱吉斯魅力伤害的人不计其数，这位出类拔萃的女主人成为19世纪三四十年代最风光的女性之一。她的美貌、财富与家庭人脉，给沙皇当非官派的大使真是太合适了。她在安茹路每周三开放沙龙。外交家、社会名流、军政界人员相聚在她家。荣幸的话可以同时或分别遇见梅里美、戈蒂埃、司汤达、李斯特、鲁宾斯坦、波丽娜·维亚尔多、理查·瓦格纳，总之，路易-菲力浦时代欧洲与法国的重要人物。

在巴黎安营扎寨以前，玛丽亚·卡莱吉斯一溜烟在欧洲跑了一圈，搅动多少人的热情与嫉妒。她是沙皇一位将军的女儿，俄罗斯外交部长查尔斯·奈斯罗特伯爵的外甥女；这位部长是政治上的不倒翁，宦海浮现之久打破所有纪录。

她十六岁时嫁给一个年长许多的男人，属于卡莱吉斯名门望族，这家祖上一个女孩启发莎士比亚创造了苔丝德蒙娜这个人物(《奥赛罗》)。这个男人精明能干，买卖俄罗斯小麦发了大财。婚礼那天，他把一件银狐大衣抛在年轻新娘的脚前。礼物倒也平常，若不是在裘皮里暗藏着两件意外的大礼物：一张两百万卢布的银行存折，圣彼得堡最美丽的一座宫殿的产权证。玛丽亚只有十六岁。冒险、间谍工作、艺术挑战，这些想法时时缠绕她的心头。她最初满腔热情要做钢琴艺术家，当过弗雷德里克·肖邦的学生，然后又变成弗朗兹·李斯特的所谓“爱徒”。她是这位天才作曲家、出神入化的演奏家的缪斯，她不但载入了名媛列传，也进入了音乐殿堂，因为按这两位大师的说法，玛丽亚是个出色的钢琴家。“她的演奏与众不同，”李斯特说，“这不是一种技巧，而是一种灵感的再创造，独一无二，谁都学不来的。”玛丽亚·卡莱吉斯也是慷慨的艺术奖掖人。瓦格纳在 1840 年音乐会失败后欠下的债，都是她代为付清的。

据一部分人说她是个卓越的演奏家，据另一部分人说她总是在寻找新的俘虏，还是受帝国大使馆雇用的俄国女间谍。这就是大家对玛丽亚·卡莱吉斯的议论。她确实在情场上屡有斩获。最初是路易-菲力浦的外交部长的情妇，后来又跟路易·拿破仑·波拿巴有过私通。她是波拿巴政变阴谋中的同谋，这招来维克多·雨果的痛恨①。

---

① 在她举行的所有沙龙中，还有一位神秘人物是从来不会缺席的。他与《战争与和平》赫赫有名的作者同姓，却没有他的文学天才，但是他擅长的本领在另一个领域：刺探工作。雅克·尼古拉依维奇·托尔斯泰是 19 世纪中叶非常法国化的俄罗斯人。他的父亲属于地主贵族。托尔斯泰生于 1791 年，最初进入宫廷当青年侍从，然后在政府部门实习，1812 年重新服务，1817 年升至上尉参谋。在 1816～1825 年的历次变动中，他没有身处第一线担当任务；可是在 1823 年，他获准离开俄罗斯去治疗双腿，到巴黎定居，再也不离开。在 1825 年十二月党人起义后交给调查委员会的材料中有他的名字。他写文章艰难度日，渐渐努力跟俄国政府和解，不再发表对俄罗斯不利的文章。1837 年，跟俄国政府做到永久和解以后，托尔斯泰得到沙皇强有力的秘密警察头子和心腹谋士本肯道尔夫的接见。在那年 1 月，他到了圣彼得堡参加青年时代的密友亚历山大·普希金的葬礼，后者在一次决斗中被一名法国军官丹特士男爵杀害。托尔斯泰在那时获得在巴黎充当俄罗斯特务的正式职位，年收入 3 800 卢布。从那时起他在行动上无所顾忌了。

最法国化的俄罗斯作家

若不是有一位勃艮第人热爱旅行，我们的法兰西-俄罗斯故事中就缺少这个动人的篇章。那人名叫路易·维亚尔多，富有才情。他说自己怎样在1823年二十三岁时发现了西班牙，不去当律师而做了一名旅行家和翻译家。

他先后迷上了南方和北方，对于国内丰富多彩的地方风情和习俗充满好奇。他翻译的《堂·吉诃德》出版于1836年，使他获得一定的名声；他同时给巴黎好几家小报写文章。1838年他被任命为意大利剧场经理，聘请著名的玛丽勃朗的妹妹波丽娜·加西亚。波丽娜年方十七，在罗西尼的好几出歌剧里崭露头角。

这位新聘演员的来临不久打乱了路易·维亚尔多的命运，因为他马上娶了她做妻子，他那时放弃经理职务，有点变成“女王的丈夫”，波丽娜去西班牙、英国、比利时巡回演出他都陪伴在侧。乔治桑代为安排他们的婚礼，她的小说《康苏埃萝》就是以这位女歌唱家作为模特的。

在一部分同代人看来，波丽娜代表某种美的反面，可是她眼睛外凸，五官轮廓过于分明，也有一种不可比拟的魅力。他们订婚那天，一位画家对未婚夫说："她丑得可怕，但是我再看她一眼，就会爱上她的。"亨利·海涅则把她比作是一道"狰狞的异国风景线"。

但是波丽娜·维亚尔多自有把缺点转化为亮点的特殊艺术。她有一种东方美，琥珀色的面孔，发乌的美发，像紫貂皮毛发亮的眉毛，黑眼睛；嘴唇上有一层稀疏的褐色绒毛。

这对夫妻1843年10月到达俄罗斯，居斯蒂纳的书也在那一年出版。但是法国艺术家没有借作家的眼光来看俄罗斯的现实……

在圣彼得堡大剧院演出罗西尼《塞维利亚的理发师》，波丽娜扮演罗西娜十分出色，在1843～1844年冬季演出季获得巨大的成功。路易·维亚尔多也没有浪费他的时间；他看了沙皇帝国首都提供的绘画与艺术品实在动心，热情搜寻；他还做成一件不可思议的事，他绝对不识一个俄语字，却第一次翻译了果戈理的短篇小说，其中包括名作《塔拉斯·布尔巴》。不得不说的是他得到了妻子的年轻热烈的崇拜者伊凡·屠格涅夫的帮助。

路易·维亚尔多在屠格涅夫陪同下，打兔子、驼鹿、狼、熊。他懂得欣赏沿途风景的美丽，比任何一位旅行家都善于赞扬林海雪原的魅力。法国读者通过他的狩猎回忆，仿佛抢先读到了他的朋友屠格涅夫的《猎人笔记》。（后者这部书也是由他自告奋勇译了出来，在法国得到读者的喜爱。）他的第一次狩猎在1843年秋天，从圣彼得堡北面二十二俄里的L. 城堡出发；可以看出他说的是以花园与湖泊著名的勒瓦楚沃城堡，他的俄罗斯游伴R. T. 不是别人，指屠格涅夫。

说到俄罗斯的黄金资源，维亚尔多毫不犹豫写道，应该考虑到这个新因素才能测出这位帝国巨人的身材与力量，这个庞然大物的头颅叫做专制，身体叫做奴役。

屠格涅夫在柏林经过几年学习，比维亚尔多早几个月出现在圣彼得堡，在内务部当个随员。他跟首都的自由派青年和贵族同时都有来往。

屠格涅夫家族是乡绅，几个世代以来都居住在离莫斯科南面三百多公里的奥廖尔庄园。伊凡1818年出生在那里。

俄罗斯小说里描述的房子都大同小异。经常是一幢木结构或砖结构的房屋，前有台阶，旁有带钟楼的小塔和翼房。白石灰墙，绿色房顶。环境总是迷人，情调有点忧郁，但是包含希望，一条椴树夹道，一个朝着池塘倾斜的葡萄园，“总是同样一泓死水的池塘”，从屠格涅夫到布宁的许多俄罗斯作家都对之歌颂。

夏天夜晚，俄罗斯中心的这个地方很晚才暗下来，夕阳的微光留在宁静不动的树林中竟也不去，在圆月的夜里还和星光奇异地交织一起。天空与空气清净如洗，到处是一片和平。人人都按照季节的节奏生活，间或有自己简单的烦恼与喜悦。这种诗意的缅怀永远决定了屠格涅夫的文风，偶尔有人把他比作他学生时期遇见过的普希金。他也像许多同时代人，被送到德国去完成学业。他在柏林时已显露最初的文学才能。

屠格涅夫的性格是被母亲培养而成的，她因为嫁了个大十岁的丈夫而惶惑不安，因为这个丈夫用情不专而感到失落。她为人专横，对待农奴非常冷酷，对待自己的孩子也态度粗暴，以致她的儿子伊凡与尼古拉也躲避她。伊凡惯常逃到空旷的乡野寻找他所缺乏的抚慰，倒使他养成了对大自然的热爱。有一个晚上在巴黎，跟都德、福楼拜和龚古尔兄弟一起共进那些著名的晚餐时，屠格涅夫提到自己的青春年代，吐露说："我那时青春年少，是个处男，也有大家十五岁时的欲望。在母亲房里有一个女佣，面孔漂亮，神气很傻，但是你们知道，有人脸上的傻相也很有样子。有一天下小雨，潮湿沉闷，这样的天气叫人的感官都醒了过来。黄昏开始降临。我在花园里散步。我突然看到这个少女直接向我走来，一边抓住我后颈的头发——我是她的主人，而她是我的女奴——一边说：'就来吧！'接着的感觉也是我们大家都曾有过的这种感觉。但是说着这么一个词时轻轻抓住我的头发，这情景时常会浮上心头，让我高兴不已。"福楼拜后来称他为"温柔的巨人"，他乐意在感情中掺杂肉欲。他还说，"我还想起，那个时候，一个女人的形象就是爱情的幽灵，在我心中出现时，几乎总没有什么具体的轮廓。但是我的想象、我的感觉里面，还是隐藏着一种预感，对于某种陌生、难以言表的温柔与女性的东西，似懂似不懂，充满诗意。"

他在他的朋友福楼拜面前说得还更多：

"我的一生是充满女性化的一生。书籍和世上任何东西在我的心里都不能代替女人。这怎么表述呢？我觉得只有爱情，才使人得到一定程度的解放……您听了，我青少年时有一个情人，我家附近的磨坊女主人，我在狩猎时见到的。

“她很有魅力，肤色雪白，单眼皮，这在我们家乡是很普遍的。她什么都不要我送。可是有一天她对我说：‘您要给我一件礼物。’‘您要什么？’‘给我带一块香皂来。’我给了她一块香皂。

“她拿了肥皂，不见了，回来时两腮红红的很激动，伸出香喷喷的双手向我喃喃说：‘亲我的手吧，就像您在沙龙里亲夫人们的手一样。’我跪在她膝前，您要知道，我一生中什么时候都比不上这一时刻。”

福楼拜听了叙述很感动，若有所思地回答说：“很动人。”

屠格涅夫二十二岁时从德国回来，对俄罗斯内地的田园风光又热爱非凡。清晨，阳光与阴影分明，投射在润湿的小径呈淡紫色的泥土上。乌鸦愉快的叫声跟捕虫鸟的啄食声夹杂一起。将近中午，空气又变得沉重，雨又开始洒落。快近黄昏时天空开朗，雨后天晴的碧空中延伸着一长条彤云。当他重新在自己的“乡绅之窝”里住下时，母亲也在身边，她现在对待儿子态度温存。屠格涅夫去找将成为他情妇的女裁缝，后来还生了个女儿，叫贝拉吉。当他对他的情妇会怎样接待他表示某种不安时，他的母亲则带着一种奇怪的不在乎态度对他说：“你真怪啊！我没看出你们双方有什么不妥。这只是一种普通的肉体恋罢了。”

这倒是真的，屠格涅夫同时平行地跟一位女贵族有一段可说是“形而上”的恋爱史。这个女子二十七岁，兴致勃勃，听着伊凡讲故事，以为自己遇上了一生的男人。但是她很快感到幻灭，因为屠格涅夫觉得事情产生一定的转折时，打退堂鼓了。

有人认为屠格涅夫是个易受伤害的人，遇事举棋不定，偏于软弱。他自己确是在任何事业尚未开始去做时便已放弃了。他的母亲还鼓励他这样做："你愿意什么都不做吗？上帝保佑你，你就什么都不做吧。待在你愿意待的地方，照你自己的心意安静地生活……你喜爱写作、散步、打猎、旅行吗？谁阻止你啦？到圣彼得堡过冬，游玩，上剧院。到了春天再回乡下来，夏天我们旅行，秋天你打猎。你这样过，让我们都在你身边过。"

她希望完全掌控儿子的事，竟对他的爱情也要有一种监护的权利。但是伊凡这人平心静气，捉摸不透，懒洋洋的勾引者，他不怕显露出自己外表的软弱，这样满足母亲的愿望，同时唤醒女性的母爱，让她们主动走近来。

这个"虚假的弱者"具有讨人欢心的一切条件。高大、英俊、富有、很有文化教养，讲五种语言，绘画与音乐都认真学过。他朋友中有最闻名的俄罗斯作家。《猎人笔记》取得极大成功，他在书中巧妙地主张废除俄罗斯农奴制。此外除了《父与子》以外，他的小说的主角都是女性，心甘情愿面对不事张扬的男人，他们像他那样生活在俄罗斯内地的"乡绅之窝"里。

法国当代作家多米尼克·费南代兹说得非常恰当："这才是一位顶尖第一流的说故事人，一连串令人沮丧的误会把他打入了黑暗，而今一下子跳了出来。出身贵族，庞大财富，成功作家：这就足够让人对之诋毁，他这个人从未遭到'诅咒'，也好像具有四平八稳的良知；良知在我们这个世纪是不可原谅的瑕疵。在我们这个世纪看来，作品不是满篇阴郁晦涩的失败感情，是不值得一读的。

“陀思妥耶夫斯基，文学现代性的典范，憎恨这位好心借钱给他的乡绅贵族。今日怪罪屠格涅夫的第二个错误：他已西方化了。风华正茂的年代在法国和德国，在波丽娜的阴影下生活，后来又死在布日瓦勒离维亚尔多家才五十米自建的茅屋里。他这个作家就不及留在大草原里的俄罗斯人那么‘纯正’。屈从于西方影响，这个指责对柴可夫斯基也用过，把他长期打入炼狱，后来才承认他的歌剧里有独特的光辉。屠格涅夫的这种情况，只说明我们法国人对他忘恩负义。屠格涅夫是第一个请人把普希金、果戈理和莱蒙托夫译成我们的语言，又把莫泊桑、左拉、都德和龚古尔兄弟介绍到俄罗斯，他居于一个包括福楼拜和乔治桑的作家群体中心，在我们的文学生活中扮演过重要的角色……以下还有把屠格涅夫排除在当代文学思潮之外的第三个、也是更重要的原因。正当他的朋友福楼拜开创一个理论胜过创造的时代，他依然故我，做一个不可救药的爱好者，行文‘优美’，相信人物的真实性，但是不挖空心思追求风格。请想一想有个莫泊桑写得精确，有个狄更斯写得滑稽，有个司汤达写得雅致，有个奈伐尔写得诗意，这一切才使一个国家绚丽多彩，心域宽阔，让西方小说对干巴巴、狭隘和局限有了免疫力。

“今日，青年作家害怕显得太简单，不知道叙述一桩事，可以在屠格涅夫那里学到一切[①]……”

---

① 多米尼克・费南代兹《俄罗斯爱情词典》(2004)。

屠格涅夫文笔优美，有诗人的心灵，歌颂自然与爱情，经常通宵达旦与茨冈人一起过或者玩纸牌。但是他不能在外时间太久而不回到他的“乡绅之窝”，那里的大草原清香扑鼻，时常让他想起过去。

他一生的女人

屠格涅夫对名媛淑女应付裕如，态度不同于他跟农村妇女的关系。他与帝国首都的夫人玩爱情游戏，诱惑挑逗，总是适可而止。他最大的满足是寻求一个“外国女人”，这是由巴尔扎克推行而风行起来的。

因而，波丽娜·维亚尔多的魅力使伊凡一见钟情。他在1843年11月被人介绍给了女歌唱家，这个日子对他是那么神圣，每年都不忘庆祝。

屠格涅夫穿厚厚的熊皮大衣，不戴帽子，沿着冰封的涅瓦河走。这年隆冬严寒使他倍感沮丧。他最想要的是什么呢？家庭的温暖，10月早晨打猎，晚上阅读后傍着茶具喝滚烫的香茶，还是在两扇门之间偷吻母亲新雇的青春女仆？他在沙皇帝国的首都从来得不到这一切，而总是被人抓去跟走在一切时尚前面的贵夫人进行包罗万象的谈话。

那天晚上，意大利歌剧院重新开张不久，屠格涅夫前去时，再也不知道自己今后的人生会怎么样。在那些女歌唱家中，大家谈得最多的是西班牙男高音马纽埃尔·加西亚的女儿，玛丽亚·费里西娅·马里勃朗的妹妹。自从她在圣彼得堡一演出，波丽娜就成沙皇帝国的新偶像。伊凡一经介绍给她，立即疯狂地爱上了。

她对这个大孩子又有什么看法呢？人家更多说他是个狩猎好手，而不是个大作家。他在那个时期叫人受不了，据阿奈可夫的说法，"一个自傲、矜持自己身份的家伙"。但是伊凡自有平心静气者的固执，表达感情时神情激扬，波丽娜渐渐被他打动。不久，每晚演出后，他被邀请到女歌唱家的化妆室。波丽娜穿一件白色浴衣，就地坐在化妆室里铺的一块裘皮上，宛若女王端坐在御座上。从一扇窗子看到河流后面很低处，向远方伸展的是一幅巨大、颜色偏蓝的城市雪景画。

屠格涅夫对波丽娜的热情，在首都渐渐传了开来，大家都挺有兴趣看到坐在第一排的温柔大个儿，为美人鼓掌，声震屋宇。

作家在波丽娜身边，一片真情四十年不变。在弥留时刻，他恢复了知觉，只是喘着气对她悄声说："走近些……走近些。告别的时刻来了……像俄罗斯沙皇。"

他11月份在冰天雪地的俄罗斯遇见她，1883年9月在布日瓦勒离开她。

这里面有一种肉欲关系吗？还是纯然的柏拉图式恋情？即使今日，专家们在这个问题上针锋相对，有的说是情欲，有的说是理想化的痴情。在写给波丽娜的这些字句中是不是存在答案？"我可以向您保证，我对您的感情是这个世界未曾见过的，从来不曾存在过的，也是决不会有重复的。”

不管怎样，屠格涅夫把心交给了波丽娜，再也没有收回过。他在一首令人看了心碎的散文诗遗著里，传布了这份奇怪的“爱情-友谊”的真情。

“当我不在的时候，当我的一切都化为尘土四散的时候，噢，你啊，我唯一的朋友，被一种那么深情与温柔爱着的人，你——我相信——会比我活得更长久，不要到我的坟上来，那里你无事可做。不要把我忘记，但是也不要在你的日常工作、欢乐与忧虑的时刻对我回忆……我不愿妨碍你的生活，影响你的欢乐日子。然而，当你在孤独的时刻，我们两颗温柔的心都熟悉的忧愁不经意间袭上心头，或者害怕它纠缠不去时，你拿起一部我们爱读的书，在里面寻找那几页、那几行、那几个词——你记得么——曾使我们同时热泪盈眶，又悄声地簌簌落了下来。念一念，闭上你的眼睛，向我伸出手来……把这只手伸给不在的朋友。我将不能把它抓在自己手里；我的手毫无生气，已埋进了地下。但是今天想到那时你可能感到你的手被轻轻抚摩，我心里感到甜蜜。你将看到我，从你紧闭的眼皮将流出热泪，像从前两人受‘美’的感动一起潸然泪下，噢，你啊，我唯一的朋友，我带着那么温柔与深邃的爱情爱着你。”

屠格涅夫在冬天遇见波丽娜，第二年夏天第一次到法国旅行。这样开始了这位游牧人终其一生追逐恋人的漫长旅途。他在离巴黎六十公里的贝西村附近乡下度过整个夏天，他若是做同胞的居停主人，也是会这样做的。在俄罗斯人家做客人是没有时间限制的。许多庄园都路远，寒冷，狼群出没，凭这些理由就够主人把客人留住。找人交谈也是留下来的借口，因为夏天晚上或冬天早晨，有个放眼世界、学贯古今的人谈笑风生，在乡下是多么珍贵的精神享受啊？从下一年起，他频频到维亚尔多家做客，跟路易去狩猎，跟波丽娜过生动的夜晚。1856 年 10 月，屠格涅夫在他们在库达维奈尔的家里过了几星期，深感幸福，以致这样写道："每天都像是一件礼物。"

九个月后，1857 年 7 月 20 日，库达维奈尔城堡沸腾了：波丽娜刚生了一个小保尔。

伊凡立刻给他的亲爱的人写了一封信："乌拉！小保尔万岁！他的妈妈万岁！他的爸爸万岁！全家万岁！现在我要求对他的面貌仔细描述一番，从年轻人的眼睛颜色说起，我要人家传达他已经说出的最智慧的话……我说话有点唠叨，这是可以原谅的，由于我的年纪和这件大新闻带给我的狂喜。"另一封信在同一年发给他的朋友保尔·阿奈可夫，确认他对波丽娜·维亚尔多的感情："这是唯一我爱过和我会爱上一生的女人。"他怀着一颗情人的心崇拜她的艺术，当她不在身边时，伊凡就在报纸里贪婪地阅读她在国外获得凯旋的报道，只要有可能他宁可到处跟着她走。重新回到巴黎，他就住在维亚尔多家公寓的上一层楼里。在那里留下了一件遗物，那只著名长榻，是他家那只长沙发的复制品，他曾躺在上面度过一生最幸福的时光。他在墙上挂一幅柯罗的风景画，但是最重要的是一尊波丽娜的浅浮雕侧面像，还有这位美人的一双手的石刻雕像。

布日瓦勒的最后日子

只是到了1874年，屠格涅夫与维亚尔多一家合住一起。他们一起在布日瓦勒买下一幢乡村住宅“白蜡树”，在那里度夏。屠格涅夫有一天说出心里话，他印象中是一辈子都住在“别人的窝边”。奇怪的是，购房合同反映了屠格涅夫在女歌唱家身边的感情地位。如果说波丽娜拿了虚有的产权，伊凡得到的是终身使用权。他们的爱情不也是这样吗？

这项产业有八公顷花园，一幢意大利式别墅，维亚尔多一家住别墅，伊凡在后面盖了一座乡村别墅。这是两层楼的茅屋，俄罗斯与瑞士的混合风格。1875年9月20日，屠格涅夫带了他的书籍住了下来。他在那里完成了他的最后一部小说《处女地》，还写了他的大部分诗篇，包括他死后献给波丽娜的那个名篇。他们的生活按照明确的礼仪安排。早晨，他们长时间吃早餐，随后屠格涅夫外出，跟福楼拜、龚古尔兄弟或莫泊桑吃午餐。下午，他工作，晚间他给波丽娜念他的每一章作品，波丽娜完全听得懂俄语。跟传闻相反的是，波丽娜对日益老去的作家屠格涅夫用情甚深。

最后这有什么重要性吗？至于弄明白屠格涅夫跟女歌唱家有没有肉体关系，许多专家都明确否定。首先，因为她对此并不真正感兴趣。其次，屠格涅夫对婚姻一直抱怀疑态度，对于他们之间建立的友谊与信任关系从根本上已感满足。据某些人说，作家向她说起自己历来的出轨行为，她也不像有任何嫉妒的表示。开玩笑，龚古尔兄弟的直白语言，乘游艇出游，接着又是与"船员共同进餐"，这时候说的话都是轻浮放肆的。3 月 21 日星期日，福楼拜寄给莫泊桑的一封信向我们说出其中的内容。那天，诺曼底大作家不能够接待青年莫泊桑，给他匆匆写道："好色的作家，下流的年轻人，星期日不要上我家来吃中饭（以后跟您说理由），但是您不划船的话就将近两点钟时过来。这是我最后一个星期日，屠格涅夫答应我们最后会把哥德老爷的《讽刺诗》翻译出来的。"

晚上在布日瓦勒，他向波丽娜报告白天的事、他与名人微妙的友谊时，热烈与崇敬之情跟最初的日子没有区别。与法国最伟大的文学家来往热情默契，使伊凡精神奋发，他作出一个新的写书计划，一部写出法国与俄罗斯相互吸引的小说。一位俄罗斯少女接受了自由派思想，离开自己国家到巴黎定居。她遇见和嫁给一位法国年轻的社会主义者。有一段时期两人生活融洽。他们心连心，一致憎恨法律与俗礼。后来，少妇遇到她的一位同胞，同胞告诉她在他们自己的国家里俄罗斯社会主义者在做什么。她那时看到俄罗斯革命者的目的、思想和感情，以及他们的恐怖主义做法，这与德国和法国社会主义者讲究文明的做法毫无关联，她原来以为跟丈夫完全一致，此时才发现他们之间有一条鸿沟。

但是高个子准备这个最后的计划时，身体还是硬朗的，不久死亡就窥视着他。伊凡得了脊髓癌，他回忆起自己为法国与俄罗斯情谊更加亲近而作的一切努力。在“持续、不可忍受”的痛苦中，他带着一种忧郁的宽容想起一个老伤疤而突然笑了起来，在最后的日子里，这件事常会浮上心头。这是二十年以前。那时期，他责怪波丽娜给作曲家夏尔·古诺写信，内容会让人对他们的关系不无怀疑。这一切都已那么远，而他应该与死亡作斗争。波丽娜留在他身边，再也不离开乡村别墅的二层楼房间。在隔壁房间，屠格涅夫有他的书房，他在里面竖了一只画架，让维亚尔多的女儿克洛迪过来画画。

写作，他还是要写作和活下去。弥留时在床上对波丽娜说心里话：“我愿意把我头脑里的一个故事写出来。这会累坏我的。我写不了了。”她安慰他，对他微笑着说：“就由您说我来写吧。我俄文写不快，但是您耐心一点，我还是行的。”“不，不，”他说，“要是我用俄语口述，我会在每个词、每句话前停下来选择我的词句，我觉得自己没有力量这样做了。不，我要做的是用我们两人都懂的各种语言，使用我们呼之即来的词句来口述这个故事。”

这样，他用俄语和法语口述，又一次强调他的命运是两国文化之间的一个连接号。这是一个俄罗斯贵族的故事。篇名叫：《结局》。

岁月荏苒。1968年，研究屠格涅夫的专家亚历山大·茨维吉尔斯基和妻子来到布日瓦勒。他们看到一幢玻璃窗破碎的房子。音乐室改成了车库，五六个擅自闯入的人把一块木板靠在大门上，登上去开摩托车。那时创立了屠格涅夫之友协会，从土地所有者拉塞勒圣克卢镇政府那里把房屋租了下来。1983 年，作家逝世百周年，一家博物馆揭幕。有些家具由波尔学校学生按照当时的图样重做，如那张天盖大床，把作家卧室恢复到当年情景[①]。

屠格涅夫-维亚尔多这两人的象征意义，在于它开启了法国与俄罗斯关系的黄金时代。

---

① 可惜，博物馆的前途还在未定之天。应该说明的是这个产业的主人是拉塞勒圣克卢镇政府，从来不看好博物馆。它要承担一部分经费，从旅游回报方面又得不到好处，因为房屋登记在法兰西岛作家协会名下，只是让布日瓦勒得利。拉塞勒圣克卢早就愿意出售产业，但是它又是保护建筑，博物馆的存在令人望而却步。协会愿意把它收购回来，但是想都不敢想，因为没有钱。

风光重现的年代

然而,在19世纪60年代,开局还是不顺利。俄罗斯向巴尔干地区扩张,引起法俄外交关系的冻结,法国在1870年对德战争中失败后圣彼得堡拒绝出面调解。可是,当"在外国的俄罗斯人"成为一个讽刺的题材时,1867年的世界博览会又给巴黎从沙皇帝国引来了二万名游客。这个纷扰的时代过了以后,1880~1917年代则是我们两个国家关系的黄金时代。圣彼得堡在政治和军事上主动接近,也是给巴黎在1870年战败的屈辱中的一种补偿,而俄罗斯又垂涎于法国资本自天而降,希望以此发展经济。

1896年,新沙皇尼古拉二世访问巴黎,举行了几场豪华庆祝会,让老百姓欢喜若狂。专为此次访法而修建的一座车站,以及俄罗斯皇帝奠基的亚历山大三世桥,更突出了这次新合作的意义。

毋庸置疑,俄罗斯人在法国又风光十足。巴黎人热烈爱上他们的传统,如复活节蛋,托尔斯泰式的布衣服装,裘皮无边女帽。来自雪国的厨艺与文学也风行一时,法国群众发现了俄罗斯小说,主要归功于梅尔基奥尔·德·沃盖;他们一听人提到"斯拉夫魅力"就心潮澎湃。

佩蒂帕与柴可夫斯基

如果说俄罗斯文学家在巴黎受到尊重,那么使法国在俄罗斯达到光荣顶峰的是艺术家。艺术家的出现要回溯到18世纪,那时彼得大帝本人对法国舞蹈甚感兴趣。后来,在1735年,一位法国芭蕾教师朗代当上第一家舞蹈学校的校长。

19世纪初,法国芭蕾教师夏尔·路易·狄德洛,应邀到了圣彼得堡玛利亚剧院。我们可以把这位巴黎人看作是俄罗斯芭蕾之父。十年后,另一位法国舞蹈家马里于斯·佩蒂帕取代他的位子。大仲马到俄罗斯旅行时,发现这个国家幅员如此辽阔大为惊叹,可是他并没有失落异乡的感觉,因为他在法国写过一部凭想象的小说,故事情节发生在圣彼得堡与西伯利亚之间。这部作品的篇名叫《武术教师》,然而若改为《芭蕾教师》也同样合适。

马里于斯·佩蒂帕现在依然是法俄交往中的一个象征人物。他原籍马赛,早年在法国、比利时、西班牙已是个赫赫有名的舞蹈家。

1847年二十九岁[①]到了俄罗斯，也在这里获得了真正的荣誉和他一生的女人。妻子比他小三十来岁，曾是演员，在芭蕾和歌舞剧中演出，后来一心培育自己的孩子。

俄罗斯剧院富丽堂皇，给佩蒂帕留下难忘的印象。领票员穿红绣金，制服上贴有皇家黑色鹰徽，领着观众走在张灯结彩的圆形长廊里，推开一扇门，恭恭敬敬闪在一旁，让他在单簧管、双簧管和小提琴的乐声中，走进一个紫红或蓝色布艺的小包厢里。

自从第一次跟俄罗斯订约以后，佩蒂帕捷报频传，备受沙皇的尊重。他坐上皇家学校崇高的教席，然后当舞蹈总监，发誓要培养出俄罗斯本土男女舞蹈家，堪与前来首都巡回演出的国际舞星媲美。俄罗斯成了他的第二故乡，犹如敖德萨对于阿尔芒·德·黎塞留一样。

他才华横溢，新意不绝如缕。他在皇家剧院工作了六十年，创作了六十部芭蕾剧，改编了十七部，给三十七部歌剧配上芭蕾舞蹈。佩蒂帕创造了数不清的舞步丰富舞蹈语言。在今日，芭蕾步法还是使用法语表述。通过他，法国芭蕾编舞中最美丽的一个花环《吉赛尔》介绍到了圣彼得堡。

1870年代末，芭蕾又成了贵族精英艺术，剧团在封闭的圈子里演出。真正的舞者王朝是此前在这位法国艺术家的指引下建立的。

可是，佩蒂帕的作品还没有达到它的巅峰。因为那时他还没有跟柴可夫斯基合作。

---

① 佩蒂帕生于1822年，1847年应为二十五岁。

这两位天才是在皇家剧院经理、法国艺术崇拜者伊凡·符谢沃洛吉斯基的撮合下见面的。也是这次具有象征意义的艺术杂交，使他决定为一出新芭蕾选择主题，那就是《睡美人》，法国童话故事，加上柴可夫斯基的音乐（在四十天内完成）。这次法俄合作的创作在《睡美人》最初几场排演中便显出了魔力。柴可夫斯基当然逢场必到，佩蒂帕给他准备了详细的备注。他以前用过这个方法，但是只有与柴可夫斯基合作才产生如此出色的效果。作曲家给全场人员留下深刻印象。他灰头发，大胡子，目光炽烈，看人带有一定程度的神经质，这与他动作含蓄、衣着简朴雅致形成显著对比。

音乐家与芭蕾大师都对艺术一丝不苟。作曲家完全理解马里于斯·佩蒂帕的方法，后者决不容许脚步的位置有丝毫差错，一步跳得不准会要求重做四遍。佩蒂帕尽管年龄大，身体还是非常柔软，所以毫不犹豫向舞者示范一下舞姿。这出芭蕾获得普遍成功。幕布拉起，一群舞者穿精致的戏服。三十二对男女开始跳花环圆舞曲，然后六对孩子出场。男舞者排成行构成一条走廊，孩子在这块流动的空间跳舞，男舞者在头顶上举着花环。观众欢喜若狂。柴可夫斯基在经理包厢里观看了自己作品的演出，在一片赞扬声中，也受到皇帝和他的家庭的庆贺。

《胡桃夹子》使这两位天才的创造性友谊走上一个新阶段。这项计划给古典舞蹈开辟了新的可能性，最后创造了一件作品，把音节部分的灿烂瑰丽与舞蹈部分的精彩细腻密切结合。脚本原来只是叙述一个圣诞夜，玩具在小克拉拉身边造反，克拉拉不得不保护作为礼物收到的“胡桃夹子”，抵抗可恶的耗子王的进攻。如此单薄的一个故事情节，却让马里于斯·佩蒂帕这个老孩童与舞蹈家的幻想自由驰骋，创造大胆雅致的舞姿。他把自己的改编交给柴可夫斯基，柴可夫斯基虽然从法国长途旅行归来，已经着手开始写作。每隔两三天他就带了他新写的梗概到佩蒂帕家，有时佩蒂帕来到柴可夫斯基在克林的住地。这两人坐在客厅里工作。低声闲谈过后，柴可夫斯基坐到钢琴前，弹奏几个节拍。他一停止，佩蒂帕向他提出自己的看法，有时他提出建议，把他刚听到的段落作些改动。

柴可夫斯基五十岁时，表面上事业正如日中天，跑遍欧洲开一个又一个音乐会，掌声使他陶醉，但忧郁使他不能自拔。他多愁善感，有强烈的自责心理，在剧院内部传出他的感情生活有些“奇怪”。他体质健强可以承受紧张，只有在奔放的艺术创造中释放。这类紧张适宜于天才，冲突保持一种创作机制……条件是这些冲突不能把天才完全吞没……

与佩蒂帕的谈话中，他绝望地提到母亲在他十四岁时突然死亡。她有法国血统。这点在柴可夫斯基的音乐中可以感觉到，俄罗斯性格的力量占主要地位，掺有法国元素中的雅致、明晰与女性欢愉——这种共生现象自始至终存在于这段法俄传奇史的篇章中。把柴可夫斯基的第一部芭蕾作品《天鹅湖》从遗忘中发掘出来的也是佩蒂帕。这部舞剧 1877 年在莫斯科首演，很不受群众欢迎，从海报上撤换下来。芭蕾音乐部分编得像交响乐片断，在佩蒂帕和他的助手伊凡诺夫的指导下，却创造出美不胜收的场景。“没有音乐我这人要疯了”，音乐家还对芭蕾大师明确说音乐奉献的不是一个“幻想的、而是默示的”世界，音乐对他来说是“跟人生的永久和解”。恰是在这点上他最难实现。尽管作出勇气可嘉的努力，内心还是平息不下来，还是在等待别人给他安慰，因为他这人极端需要有人安抚、有人爱。音乐固然给他带来极大的安慰，但是这不是一切，他还需要一个情感生活。他是个同性恋者，他已经开始戒除，这引起他 1886 年第一次出现神经抑郁症。他试图去爱上女人，愿意变个“正常人”。但是不行，这不是他的天性。他只是到了三十二岁，带了他的爱徒、十九岁的弗拉基米尔·切洛夫斯基去巴黎旅行，才明白这件事。他在尼斯很幸福，他写了献给弗拉基米尔的几首曲子可以作证。他对这次旅行缄口不谈，确实也有人开始对他与音乐学院学生的关系说闲话。这是他一生中的初恋。当那个青年在巴黎病倒时，柴可夫斯基迅速去找他。冯·梅克夫人是他的支持人和保护者，柴可夫斯基在乡下住在梅克夫人借给他的别墅里，身边有弗拉基米尔，他怡然自得创作了《天鹅湖》，又灵感涌现，在十天内写出了《暴风雨》。

柴可夫斯基挥霍无度，而他的女恩人对他慷慨大方也世所少见。她把自己在乡间的房子给他夏季使用，每年供他一笔年金。他自己从沙皇那里领取津贴。弗拉基米尔也用自己的方式帮助他，他知道作曲家对法国的热情，从巴黎给他寄来比才的《卡门》。但是那位青年患肺结核，过早去世。

柴可夫斯基的不幸婚礼在 1877 年举行。在他无疑是要消除风言风语。他三十七岁。正处在《欧仁·奥涅金》创作的煎熬中。在婚后这段时期，音乐家发现自己娶了个慕男狂，这使他有一次企图自杀。他痛苦不堪。甚至有一夜全身浸在冰冷的涅瓦河里，只露出头颅，希望能够患上肺炎。不用说这样闹了以后接着患上了精神抑郁症。他的医生劝他到国外旅行几个月。最后却是他的妻子死在一家精神病院里。

柴可夫斯基经常向佩蒂帕诉苦，说自己不被人理解。确实，即使他的法俄标志性作品也从来不曾获得——比如说——像《胡桃夹子》那样的热烈欢迎。他逝世那年五十三岁。死后声名立刻开始远播，以致这位最浪漫、最有主观意识的作曲家跻身于经典艺术家中间，占有自己应得的地位。佩蒂帕是第一位芭蕾大师，认识到柴可夫斯基是个天才。他的音乐可以让他进行富有特点的编舞，也就是说在规定的舞步以外，还可"额外"创造动作。这样佩蒂帕在舞蹈中创造了"柴可夫斯基风格"。

柴可夫斯基的逝世在佩蒂帕心里引起震惊，他开始感到岁月的重压，那时经常会记错日期，交谈中混淆专门名词。1903年初有件事叫人回天乏术。他那时意气风发地创作一幕芭蕾剧：《玫瑰与蝴蝶的牧歌》。排演开始后，大家还是被轻快欢悦的编舞折服。一位八旬老人还保持着那么旺盛的创作力，令人难以相信。有人说法国大师已经才尽，参加芭蕾短剧演出的所有演员都深信，他的编舞对那些人是一个响亮的辟谣。可是，几个月过去，剧院领导对这出戏演不演不作决定。离他的生日还只有几天，剧院院长毫无情意地向他宣布院方决定让他退休。当然，佩蒂帕还是名誉舞蹈总监，宫廷大臣还明确表态，除非另有新的通知，他保持在职时的特殊待遇和九千卢布的薪金。

佩蒂帕对这项决定的粗暴感到震惊，然而采取一种洒脱的态度作出反应。他只是说："这是可以预料的，我是退休了……但是艺术家还会需要我的。"但是就在第二天，当他在不开放时间去玛利亚剧院，那个门房虽然完全认识他，还是不许他到后台。那个小官员向他实施这么一条有伤自尊心的禁令，自己也好像很难为情。

佩蒂帕那时有了回国的想法，尤其俄罗斯1905年革命形势下事态发展令人惴惴不安。2月4日，他从报上获知尼古拉二世的叔父、莫斯科总督谢尔盖大公在街头被杀。自此他下了决心要回法国，在国内住上几个月沉浸在回忆中，忘记俄罗斯的骚乱。他刚过了八十三岁。回到了巴黎，却对涅瓦河的河滨道深深缅怀。他在心里保存了春天的芬芳、冰雪的刺激、俄罗斯语言的音乐性，还有圣彼得堡晚饭后无休无止的讨论……他在那里遇见两位热爱法国艺术的俄罗斯收藏家。

介绍法国艺术的俄罗斯人

艺术品的命运经常不可预测。如果说今日必须到圣彼得堡才可欣赏到马蒂斯的某些最佳作品,这是因为上世纪交替时,巴黎画廊的主要客人中有两位别具慧眼的收藏家谢尔盖·楚图金和伊凡·莫罗佐夫。在 1897 ~ 1914 年之间,他们把莫斯科的私宅改造成了现代艺术的殿堂。

收藏的热情在俄罗斯早已存在。彼得大帝是向西方打开窗子的第一人,按照他欣赏的欧洲城市,七拼八凑建成了他的首都圣彼得堡。从这扇窗子吹进了巴黎时尚与样式。贵族那时搜罗青铜雕像、大理石装置、名画去装饰他们受西欧贵族启发而盖的府邸。女沙皇叶卡捷琳娜二世命令她的大使们购买卢本斯、伦勃朗和提香的作品,今日是冬宫博物馆里的瑰宝。从 18 世纪末起,俄罗斯收藏家手头不乏艺术精品。

但是在 19 世纪中叶,情况开始起变化。在崇尚古典豪华与迷恋法国宫廷的贵族之后,来了靠商业发财致富的资产阶级,从俄罗斯不久前的工业化过程中创造了巨大的财富,财富的占有者聪明地把大部分钱用于艺术上。商人们给这些家庭布置得富丽堂皇之外,再添上一份意大利美第奇家族的崇尚艺术之风。除了挟有权势,大资产阶级又得到最大的满足,那就是艺术奖掖人。上升阶级用这样一番装扮试图在气度上超过贵族。

楚图金与莫罗佐夫属于"新收藏家"这一代,他们更信任自己的觉察力,而不是传统的价值。这种勇气使他们宁可选择塞尚与毕加索,多于古典大师的杰作。这两人使俄罗斯成为最重要的马蒂斯作品进口国家。

楚图金"王朝"归于商业资产阶级这一类。18 世纪最后年代,他的一位祖先拥有国内最大的一家玻璃厂。跟拿破仑的几场战争使他破了产,幸而他的后代知道怎样重振旗鼓。一个世纪后,收藏家的父亲掌管几家兴旺发达的纺织厂。这人性格坚强,生性虔诚之至,绝对严格管教子女。他们六人都有收藏家的天性。

第一位对收藏入迷的是他家第二个男孩子彼得。父亲送他到德国实习期间,他开始搜集版画和东方古玩,还有著名艺术家的摄影。回国后他开始常去莫斯科"跳蚤市场",在创纪录的时间内收藏惊人,计有三十万件俄罗斯传统艺术品。这位青年那时沿着伏尔加河长途跋涉,寻觅老式建筑,要从中借鉴来建造一幢配得上他的收藏的房屋。有一位建筑师一路相陪,他给教堂和木屋画图样,研究其生动的细节。最后,他请人建造了两幢房子,令人想起科洛门斯科耶的著名木结构宫殿。这两幢房子有一条隧道相通,隧道中专门陈设家具藏品,其中一幢专门置放祭祀物品、圣像和民间工艺品。

谢尔盖·楚图金的收藏品卓越非凡,他给古老的俄罗斯引进了接受现代艺术的勇气。他在杜朗-吕埃尔的建议下,买了好几幅毕加索的画和一些马蒂斯的作品。他的收藏中计有二百二十一幅画:五十四幅毕加索、三十七幅马蒂斯、十九幅马奈、二十六幅塞尚、十三幅雷诺阿、二十九幅高更、二十幅德莱、四幅莫里斯、德尼和七幅卢梭。他看了马蒂斯的《裸体黑人》和《蓝色和声》被迷住了,向他订了两张巨大的装饰画来布置他别墅的楼梯,那是《舞蹈》与《音乐》,画里把节奏的张力与色彩的饱和同时表现得淋漓尽致:"身体的玫瑰红,天空的蔚蓝与丘陵的翠绿。"马蒂斯成了他的痴迷对象,他下决心要买下画家所有重要作品:《对话》、《滚球戏》、画家的家庭肖像、《西班牙静物》和《阿拉伯咖啡馆》。谢尔盖的视察力正确无误,当时马尔蒂的作品还没有一定价位。野兽派兴起的初期,画家已在艺术上突然来个大转折,把色彩看作是绘画的绝对值。楚图金写信鼓励他:"法国大众反对您,但是未来是属于您的。"

莫罗佐夫出身于最显赫的一个棉花大王世家。他从楚图金那里买下他的第一位外国艺术家作品;西斯莱的《卢夫西恩的霜冻》,开始了他的神奇的收藏家生涯。马蒂斯是这样描述他的:"这人比楚图金年轻二十岁,拥有一家雇用三千工人的工厂,娶了一位舞蹈家。"

莫罗佐夫跟法国重要的画商都有联系:卡恩韦勒,小伯恩海姆、杜朗-吕埃尔、沃拉尔。他每次去巴黎,要拜访画家的工作室。一直在两国之间不停地穿梭来回。

但是这种情缘上的投合,最有象征意义的可能是莫斯科画商招请法国艺术家前来作画。莫里斯·德尼过来给莫罗佐夫的餐厅配上一幅壁画，而大收藏家伊凡要求皮埃尔·博纳尔来装饰他的避暑庄园。在客厅里可以欣赏奥比松的地毯，天花板上则是弗拉明克的天顶画。

从马蒂斯对美丽的圣像发出的赞叹声中，大家可以明白俄罗斯人迷恋法国画家的同时，巴黎的创作家对于俄罗斯中世纪作品表现的高品质、时代心声与精神也无不深深折服。

马蒂斯不是就在安德烈·卢布莱夫的圣像前高声说："你们的学生在本地就有无与伦比的楷模，远比国外的优秀。"他还说："法国艺术家应该到俄罗斯来学习。"

1911 年，马蒂斯到俄罗斯来看燃烧的秋景，那时桦树叶子变成火焰的颜色。他是应楚图金的邀请来安放他的两幅作品《舞蹈》与《音乐》，今天它们在圣彼得堡冬宫博物馆内展出。

圣彼得堡与莫斯科报界大量报道这个事件。马蒂斯向一名记者说："就我来说，我完全是为美国、英国和俄罗斯工作的。"在俄罗斯，评论家亚历山大·伯努瓦曾称莫斯科是"高更、塞尚和马蒂斯的城市"。第二天，马蒂斯到丹吉尔去，他在摩洛哥画的几件杰作，尤其是《城堡之门》，很快又收入了两位艺术奖掖人的藏品。这样，马蒂斯笔下摩洛哥闪烁强烈的阳光与俄罗斯金秋橙黄的日色并列在墙上，现代艺术在这里欣欣向荣，起了先锋作用，这时历史还在酝酿新的故事。

波希米亚人……

1905年发生的事件已在开启一个革命剧变时期。主要的工会组织在全国各地成立，红旗升起在“波将金”号军舰上；革命党派与工会组织了俄罗斯历史上第一次全国政治总罢工，后来导致武装起义。1905年10月17日尼古拉二世在一份宣言上签字，正式结束在俄罗斯的绝对权力。国家权力的让步，当局使用武力，加上斯托雷平提出的改革，这样把起义运动扼杀于萌芽状态，迫使革命家重新走上流亡之路。这些曲折显然要影响到法俄关系。

巴黎于是变成了沙皇警察瞄准的重点目标。20世纪初，俄罗斯所有在国外的秘密工作机构都是由一位大人物——彼得·拉切可夫斯基——从巴黎指挥的。

这个人风度翩翩，善于交际，爱好美食，真是八面玲珑。他重婚，有两个妻子，在圣彼得堡有一个俄国妻子，在巴黎当然另有一个法国妻子。（考虑到他给王国提供的服务，尼古拉二世后来同意承认他在巴黎生的孩子。）

时尚餐厅的调酒师很欣赏这位口味精致的行家，他爱喝波尔多酒庄葡萄酒和寡妇-克里科香槟。他在格勒奈尔路的豪华公寓里，由于法式厨艺与俄式厨艺的巧妙配合，宴席的菜肴也遐迩闻名。他放在18世纪小圆桌上的扎可斯基俄式冷盘，里面有大量鱼子酱、块菰、腌制鲱鱼片、鳀鱼、橄榄、红肠或者还有乌拉尔烟熏牛肉，是巴黎上等社会都知道的名菜。这位超群绝伦的间谍高手喜欢向客人显示自己的财富。有人说他什么都收藏：萨德侯爵的手稿、布勒盖名表、印象主义绘画、宝石镶嵌圆头手杖（他尤其在多维尔赛马场大奖赛上散步时使用）。但是他真正的热情不是马，甚至不是欣赏他斯拉夫魅力的女人，而是他的特工人员。

翻阅这个时期俄罗斯秘密部门的档案，无异是在解剖法国社会，提到的人名不可胜数：时尚专卖店的可敬的老板、记者、门房、咖啡馆仆欧、妓女，真叫人以为全巴黎的人都在跟沙皇警察部门合作。有时，某些特工人员会指出俄罗斯艺术家的来回路线，或者一个大胡子、乱头发、“叫什么列夫·托洛茨基”的青年，或者列宁和他的法国情人伊内斯·阿尔芒骑自行车散步。沙皇秘密部门头子经常独自在俄罗斯移民街区散步。他一开始沿着蒙帕那斯大道，然后王家码头大道，一直走到丁香园，这在20世纪初只是一家普通的咖啡馆。伊里亚·爱伦堡那时还是个政治流放青年，引起了他的注意。这位布尔什维克选择丁香园，在他是居于两个世界的半途上，这好像也是他宁愿采取的立场，一边是瓦万十字路口的艺术家，一边是革命者，他们活动范围开始于蒙帕那斯大道后面，延伸至第十四区。

俄罗斯秘密警察头子对于列宁住的玛丽-罗斯路一清二楚，对移民聚集地蒙苏里公园也很熟悉。在庭院的大树下有三条舒服的大板凳,列宁很爱坐在上面跟他的同志谈话。布尔什维克党的代表大会和工作会议在阿莱塞路或唐弗-罗歇洛区召开。在戈布林路的屠格涅夫图书馆吸引学生和政治流放者,他们在那里阅读或者听讲座。但是沙皇的秘密警察还监视"俄罗斯的波希米亚人"(穷艺术青年)。

第一次世界大战前几年,突然一群来自俄罗斯的艺术家涌进巴黎学校。在这些青年中间有一名少女叫玛丽亚·瓦西列夫,热情奔放,真正追求生命的自由。她领取亚历山德拉女皇助学金,马蒂斯在1905年做她的老师。她参加独立者沙龙与秋季沙龙,跟这世纪初正在兴起的波希米亚人建立了良好的友谊。

但是玛丽亚还不止是位艺术家,同样也变成了天才们的串连者,为巴黎艺术家创立一个真正的文化中心。她在曼恩河路二十一号自己的画室里开办一所学校,或称瓦西列夫学院,后来1915年2月第一次世界大战期间还增设了一个食堂,许多俄罗斯流亡者在那里与法国艺术家相会。战后玛丽亚·瓦西列夫多亏时装大师普瓦莱的力量而被人目为艺术家,普瓦莱是现代艺术大收藏家,看了她的绘画、家具设计和玩偶很入迷,决定捧她。20年代,她参加一系列舞会的组织工作,这些舞会都记载在艺术史的年鉴中。通力合作参加节庆的艺术家中有不少名人,如冈察洛娃-拉里奥诺夫,索妮娅·德劳内,罗马尼亚人特里斯当·查拉。1923年"与灵相通"大化装舞会上,标新立异的玛丽亚·瓦西列夫穿了破布亮相,头发粘贴在嘴唇上,乳房长在臀部。第二年的奥林匹克舞会,她亲自动手做了几套龙虾与蟹的服装，跳起了《龙虾、螃蟹与鳄鱼舞》。1927 年，她参与了蒙帕那斯区一家新咖啡馆的装潢布置工作，那就是著名的“穹顶”（Coupole）。她画的两根柱子竖立在大厅后墙中间。

在那个时期，瓦西列夫学院有几次讲座也载入年鉴，主讲人有：卢那察尔斯基，后来在列宁的政府里负责文化工作，题目是《年轻的法国绘画》；莱歇，讲《绘画起源与它的代表价值》。在食堂里挤来挤去的还有今日已经成名的众多艺术家：波兰人吉斯林、阿波利奈尔，到处可见的毕加索、马克斯·雅各布、迭戈·里维拉和他的俄罗斯女伴玛勒芙娜、玛丽·洛朗桑和费尔南·莱歇、伊里亚·爱伦堡，他是早年的布尔什维克，那时的作家；还有几位美国作家如海明威，或俄罗斯芭蕾舞团的成员。目前尚无用武之地的行动家，如鲍里斯·萨文可夫，以前的恐怖分子，未来的临时政府部长；蒙帕那斯区的画家；未来的文坛领袖，个个都来到这个地方，他们啃小小的白面包，按照俄罗斯人的习惯喝茶。莫迪利亚尼把油画或素描赚的钱分给他们，才经常使他们免于挨饿。他也是第一个发现苏丁的天才，把他介绍给自己的画商。

那时期，莫迪利亚尼正跟俄罗斯女诗人安娜·阿赫玛托娃热恋，以他给她画的著名肖像画可以为证；保尔·亚历山大是这位意大利画家的第一位买主，几年前在威尼斯亚历山大的后裔家里还发现了关于阿赫玛托娃的更私密的素描。

这家食堂墙壁上挂颜色鲜艳的波利尼西亚壁毯，气氛活跃热烈，经常出现令人难忘的场面。兴致来了大家唱歌和演戏；玛丽亚·瓦西列夫自己也会穿上乌克兰传统服饰，跳上几段民间舞。迭戈·里维拉的女伴玛勒芙娜给这个时代留下一份见证书："瓦西列夫食堂伙食很好，才收六十生丁，花这个价钱给你送上一盆汤和一份当天的主菜。那里也喝酒精饮料，但是不够每个人都喝的，因为玛丽亚·瓦西列夫嗜饮杯中物，很少忘记举杯子。好在总是会有人乐意请我们喝上一杯。在这里我经常遇到莫迪利亚尼，他的雕塑已经很出名，更出名的是他摆脱不开可卡因、大麻和酒精的嗜好。他这人有真正的诗人天性，非常有教养，博览群书，尤其人生态度洒脱豁达，既不追求名也不追求利。然而他无力抵抗毒品与烈酒，也可能这给他灵感，让他忘记艺术家生活中的悲惨遭遇。迭戈·里维拉，大帽子，墨西哥手杖，魁梧的体格，温和的妖魔胡子，他是个异域人物，他带来永不暗淡的墨西哥阳光和自始至终的好脾气。"他后来成为画大壁画的大师，给拉丁美洲文化取得光荣，作品中结合了阿兹特克的强烈色彩和玛雅的神秘几何图形。

离食堂不远，有一个地方也吸引来自沙皇帝国的艺术家，那就是外号叫"蜂箱"的公寓楼。1910 年来，夏加尔在俄罗斯动身前得到一位律师、圣彼得堡杜马议员的帮助，就在那里落脚。

这位青年乘列车奔往他的命运，车厢里弥漫丝丝热气。在窗后移动着单调、积雪未化的大草原。牛拉的大车在宽阔的泥路上慢步前进。当边境线出现时，夏加尔突然觉得自己已对一切挑战做好了准备。这样他到了蜂箱，这是他在巴黎的第一个住所。

那时一间画室每月租金三十七法郎。正如夏加尔说的："价钿实在低，而且我还不一定要付！”老房客中许多都是俄罗斯侨民，如扎德肯、苏丁、克梅涅或吉科依纳，想起满屋子蟑螂感到恶心。底层只有一个洞孔用作厕所。夏加尔后来说起，当他回想起住在蜂箱的年代，第一个反应就是捏紧鼻子，仿佛全幢楼里散发的臭气没有离开过他。

艺术家生活和工作在一间三角形的房间里，尖的一端用于做饭或置放什物；那时夹层床还未风行，他们在房门上方放根横档搁床板用。房间的其余部分就是所谓画室了。可是，夏加尔住在三楼的画室里感到幸福，他说：“我从这里打开窗，看得见天空。”在这个穷艺术家的街坊里住的房客都性格鲜明，彼此有一种真正的兄弟情谊。费尔南·莱歇，1908～1909年是蜂箱的客人，叙述说：“蜂箱！这个地方了不起！我尤其记得其中几位俄罗斯人，虚无主义者。我一直没有弄明白他们在一间三平方米的小室里怎么生活，也不明白他们怎么总是有伏特加。那时，他们路走得很多，从蜂箱，从凡尔赛城门，一直走到圣米歇尔大道，找到一位同志，向他借一法郎、五十生丁的……”

夏加尔是出名的不爱说话，对人多疑。他怕人家向他借钱，用一根绳把门拴住，很少打开。他生活在社团的边缘，夜间工作：“这时候在俄国人画室里一位受到冒犯的模特在抽泣，在意大利人房间里响起歌声与吉他声，在犹太人那里展开讨论，而我独自在自己的画室里，面前一盏煤油灯……这样通宵达旦不睡。”

沃吉拉尔屠宰场就在附近。凌晨时宰杀牲畜。“奶牛哞叫，我可怜它们。我还在黑夜里听到斩牛头时的尖叫声，脑海中又出现俄罗斯的一个图像,那是我祖父的屠宰场。”

布莱斯·桑德拉尔,擅写西伯利亚大铁道上虚构的旅行故事,是个标志性作家,他听说有个人画“奶牛和割下来的头”。他于是要到画室去访问他。夏加尔法语说得很差,但桑德拉尔说俄语。两人成了朋友。桑德拉尔经常带了夏加尔到蜂箱附近的但泽餐厅吃午饭,给他的许多画起名字,如《献给俄罗斯、驴子和其他》。

1912 年,阿波利奈尔写过这样的话:“俄罗斯人夏加尔展出一幅画,一头抽鸦片的金驴子……这幅画叫警察看了很不爽。在一盏罪恶的灯上适当加一点金色,画就恰到好处。”1913 年,《醇酒集》的作者给生活在巴黎的俄罗斯艺术家的作品,写了许多专栏。

夏加尔成了“俄罗斯灵魂”中恣肆奔放的诗意与幻想的体现者,然而他的绘画却有其他根源;他是这样解释的:“我在俄罗斯的画没有光。那里一切都是阴暗的、褐色的、灰色的。到了法国,色彩的绚丽、光线的摇曳使我吃惊,我找到了我以前盲目追求的东西:对物质与疯狂色彩的提炼工作。”

艺术家的沙皇

可是,把法国与俄罗斯的艺术亲缘提高到极致的,不是画家,而又一次是芭蕾世界,主要得力于谢尔盖·佳吉列夫(1872~1929),他才是20世纪文化史中的那位决定性人物。他的性格非常斯拉夫,终其一生都是个俄罗斯爱国主义者,发迹于圣彼得堡,在1900年参加了一场俄罗斯向先锋派艺术潮流开放运动。他愿意建立一座博物馆,里面展出所有的艺术,虽然他的主要兴趣是音乐与绘画。他被任命为帝国剧院副经理,他的目标都遭到保守派卫士的掣肘。尼古拉二世沙皇还是倾向于他的,但是权谋占了上风,佳吉列夫远走他乡到了外国。他在俄罗斯遭到失败,就向巴黎建议举办一个大型展览会,全面展出俄罗斯艺术:圣像、绘画、山河风光和雕塑。这是向法国人显示一个几乎陌生的世界。俄罗斯爱国主义的这种表现保证了他在自己国内的声誉,甚至还给他带来一笔财政资助。他于是办了一份杂志《艺术世界》,同时刊载文学、绘画、音乐与芭蕾方面的新理念与趋势。但是俄罗斯官僚的好心没有延续多久。他又跟帝国内府和俄罗斯大使们闹翻,他们和以后的苏维埃外交人员一样,总是跟他的宏图大略过不去。

佳吉列夫心中考虑的是综合各种不同的艺术,使它们相互得到营养。但是,这样做他不但要逾越艺术的疆域,也要跨过国家的边境,变成泛欧杂交文化的象征。他已经让人看到将要在俄罗斯芭蕾中实施的东西。

他体魄强壮,额头宽阔,目光敏锐,观察到未来,对自己的相貌颇像彼得大帝而感到自豪。他身上自有一种领袖气概。他完成的事是不可能祝贺的,同样,他的个性本质也是难以定义的。因为他触及艺术的各个领域,同时又保持自己极有特色的个性。他既会临场出主意,也会运筹做决策。他独具慧眼调动天才人物,又对相中的人担当调教的任务。有俄罗斯人、法国人、波兰人、西班牙人,总之,一个带有俄罗斯最欧化城市圣彼得堡标志的欧洲艺术梦。他在古典原则但现代潮流的基础上建立一个全球性美学。俄罗斯传统美学宣称内容重于形式,要求艺术家积极介入时代的社会政治风暴,他觉得这个框架束缚着他。

1909 年 5 月 3 日,俄罗斯芭蕾舞团创建人谢尔盖·佳吉列夫到了巴黎里昂车站。巨大的玻璃棚被烟熏得黑黑的,水蒸气在月台上往外喷,像金属妖魔打出滚烫的哈欠。

巴黎世界与他的世界之间的联系人是让·科克托。佳吉列夫一抵达法国首都,立刻给他打电话。科克托急忙到他下榻的旅店,向他报告巴黎的行情。让·科克托是个永远的花花公子,一个灵气十足的花花公子,一个天才的花花公子。纪德正经八百,不同意科克托的

俄罗斯的伊丽莎白狩猎图。这位女皇是彼得大帝的女儿，被认为是18世纪俄国宫廷亲法派的典型人物。

圣彼得堡冬宫全景。这座雄伟奇异的城市变成法俄艺术亲缘的象征。

圣彼得堡的象征物之一，彼得大帝青铜雕像由法国雕塑家法尔科内完成。

拉歇塔尔蒂侯爵，法国驻俄大使，伊丽莎白女皇的宠儿。据说临死前他说：“我没有成为她的沙皇，但是她始终是我心中的女皇。”

法国画家马蒂斯与他的俄罗斯缪斯莉迪娅。这些从北国冰雪中来的女人到底有些什么，使法国整整一代的艺术天才——画家、诗人、作家都受到她们斯拉夫魅力的蛊惑而才思涌现、灵感不辍？巴黎与圣彼得堡故事中最精彩的一章也是有了她们才写成的。

尽管世事浮沉，俄罗斯人对拿破仑时代保持一种特殊的兴趣。即使在今日，在圣彼得堡组织的晚会上，他们爱化装成帝国时代的将帅。俄罗斯收藏的拿破仑纪念物也是世上最好收藏之一。

亚历山大一世。历史的怪事：这位沙皇在1812年与拿破仑恶战，19世纪法俄的亲缘也在那时达到高峰。

俄罗斯人1815年在巴黎，这段占领时期却过得如同节日一般。

俄罗斯农民。居斯蒂纳《俄罗斯信札》：“农民穿红或蓝的衬衫，经常敞开的波斯式长袍，……这身打扮不是别有风情吗？”

尤索波夫公主。尤索波夫一家是俄罗斯移民的标志性人物。费列克斯是暗杀拉斯普廷的志士之一，他与妻子共同创建了自己的高级时装公司。

列夫·巴克斯特为伊达·鲁宾斯坦设计的克娄巴特拉戏服（1909 年演出季）。

法国诗人科克托与俄罗斯芭蕾舞团创建人佳吉列夫。

让·科克托绘制的海报：瓦斯拉夫·尼金斯基（蒙特卡洛剧院）。

俄罗斯芭蕾舞星鲁道尔夫·努里耶夫成为20世纪巴黎与圣彼得堡友谊的象征。尼金斯基的妹妹说到努里耶夫："这是我哥哥再生。"

青年时代的叶卡捷琳娜二世。她原是日耳曼裔的公主，坚定的亲法分子，后成为俄罗斯历史上一位伟大的女皇。

导演艺术,但是佳吉列夫没那么严格,认为这才是他真正的天职,况且他在许多领域已获得成功,如芭蕾、戏剧、电影、绘画,还有诗歌与小说;这里面有什么会引起他周围人的嫉妒。他居然存活了下来,也说明他性格中有坚韧的一面,虽则他生有女人的天性,需要不断的鼓励与温情,可喜的是这方面他并不缺少。当让还是孩子时父亲自杀身亡。由一位保护过分的母亲抚养长大,把他打扮成女孩子,后来盼望他做个好布尔乔亚。男孩子到了少年时逃往马赛,在鱼龙混杂的老港区,认识了五花八门的罪恶,也就年纪轻轻的入了门道。佳吉列夫成了他的导师。

佳吉列夫认识的巴黎,只限于几个明确的地点,如豪华酒店(他喜欢丽兹酒店),或几家餐厅,如卡塔兰草地;还有布洛涅森林内几块散步场地,展览画廊和博物馆,尤其是卢浮宫,他会接二连三去参观,还有几座私家府邸,如博蒙府、诺阿伊公馆。然而他对当时的时尚街,如蒙帕那斯区或那些夜店,则从来不是一名常客。

法国首都被认为是欢乐城,俄罗斯芭蕾舞团朝着巴黎前去演出,心头悸动一种奇异的感情,既着急又不安。

著名的芭蕾舞星卡萨维娜在回忆录中这样记述:"我对于巴黎的高贵典雅形成一种十分荒谬的想法,心里以为看到的马路就像舞厅,满街都是清一色的漂亮女人,穿着大纱裙窸窸窣窣走路。我还听人说,巴黎女人在千人中可以一眼看出,她们撩裙子的样子就叫人模仿不来的。清晨走出火车站,我遇到的只是工人、利落粗胖的家庭妇女,披着说不出来的披肩,脚穿磨掉跟的鞋子,挽着菜篮子。我来前还吓得要死,害怕自己别显得太土了,在走上旅途以前还竭力配置几套漂亮衣服,要是巴黎时装的最新款式才安心。有一天,在我到后不久,我走进一条偏僻小路。一群街童停住脚步看着我过去。我心想,要给他们嘲笑了!我转过身看有没有其他人看到我的狼狈相。街童齐声高呼:'她真漂亮,真时髦!'这个郊区口音的大合唱真叫我听了高兴,我心里说,巴黎街童也很有品位啊。"

俄罗斯芭蕾舞团的大本营,也像1814年哥萨克兵安营扎寨的时代一样,扩散到了小酒店,也走进马德兰大道的小餐厅。

最初几场演出安排在夏特莱剧院,剧院也为这次演出作了彻底的改造和翻修。在他们到来前的两个星期忙得不亦乐乎。从迁景师到剧院管理,谁都把这些俄罗斯人看成是疯子。当工人敲钉子、锯木头的时候,排演不管三七二十一同时在进行。每次排演到深夜。演出日期愈接近,愈不觉得这样乱糟糟的会排演出一部井然有序的戏来。临时拉来的群众演员怎么也教不会踩准音乐拍子,因为布景的门嘎嘎响得厉害。编导福金脸色一天比一天阴暗。见过俄罗斯芭蕾舞团的巴黎记者,开始议论这是一场野蛮人入侵。但是谢尔盖·佳吉列夫知道在自己身边形成一个真正的团队。俄罗斯芭蕾舞团在巴黎的第一个演出季,没有一个创作者被剥夺自己原有的艺术身份。全团牢牢团结一起,每个艺术家即使晚上没有戏份,也都上剧院观看。

佳吉列夫把巴黎当作是主战场,他首先要按照自己的情趣,偕同他的艺术家充分分享对法国文化的热爱。他选择这座城市当然也有一番心计，因为谢尔盖做什么都像一名棋手讲究战略，预见每一步棋后的反击。有一天，画家雅克-埃米尔·白朗希问他："你们到处受人欢迎，得到邀请，你们又不埋怨法国有一种反动倾向，你们就不能——至少这一段时间——不理会我们的看法吗？"

佳吉列夫带着惯有的神气而又恰当地回答说："我们只是为你们工作的。你们在巴黎才三十个人！"

可是，最重要的是他的公关艺术，巧妙地利用报刊和制造悬念，特别谈到他的新舞星尼金斯基。事实上这位青年身材中等，体格也很一般，头很大，单眼皮，看不出他有什么样的天才。但是巴黎舞台使他这人产生深刻的变化。

为了让大家了解这个神奇的脱胎换骨，佳吉列夫邀请艺术界重要人物和记者来观看几场排演。科克托（他对佳吉列夫的革命风格比谁都敏感）、女诗人安娜·德·诺阿伊和所有风头很健的评论家，当然都列席观看。时尚画家对着尼金斯基画各种姿势的速写。安娜·德·诺阿伊和科克托看得完全出了神。

这个令人眼花缭乱的演出季开始于1909年5月19日，打炮戏是《伊戈尔王子》、《阿尔米达的帐篷》和系列舞蹈《盛宴》。布景华丽，青年芭蕾演员身手矫健，踩着《伊戈尔王子》中波罗维茨舞节奏的舞者强悍有力，这些都是前所未见的。

尽管演出前说得沸沸扬扬，大众兴奋的期待，俄罗斯芭蕾舞团首场演出竟会获得这么巨大的成功还是没有料到。佳吉列夫在票房价值上施展的伎俩，相比于那天晚上他挖掘出艺术中的纯金来说，已是毫无意义的了。屏气敛声的观众瞧着三人舞跳起跳落，在舞蹈结束时尼金斯基不是跑在两位女舞者后面，而是凭“冲动”耸身一跃——这是自后使他名扬四海的有力的、不同凡响的跳跃中的第一跳。观众如痴似醉，响起暴风雨般的掌声。尼金斯基确是证明了自己不但绝对掌握芭蕾技艺，还具有“超人的升华天资”。

那时又演出了埃及艳后《克娄巴特拉》。演出第一次达到了完美的程度，服装、音乐、布景、舞美配合得丝丝入扣，整体效果令人惊叹，真是一股清风吹过。科克托看了演出有感而发，作出如下的描述：“终于克娄巴特拉出现了，由六名棕褐色巨人摇摇摆摆担着一只乌木嵌金箱子。年轻的黑人绕着箱子殷勤侍候，碰它，给它让位子，催促轿夫快走。

“箱子在神庙中央放下，打开门扇，从中取出一捆似乎裹着一具木乃伊的布，竖放在几块象牙垫板上。这时四名奴隶开始一番叹为观止的操作。他们打开第一层布，鲜红色的布面上有莲花与银色鳄鱼；第二层布是绿底上用金线绣成历朝历代的历史；第三层布，橘黄色的上面有棱柱条纹线……这样直至第十二层布，深蓝色的下面好似是个女人……打开这层深蓝色的布，鲁宾斯坦夫人脱身而出，手臂旋转一挥，那块布飘落地上。鲁宾斯坦夫人站着，身子往前微倾。她带着一只蓝色发套，面孔两边是金色短发辫。她在那里，脱掉了最后一袭衣衫，两颊苍白，嘴唇微张……”

这个少年扮相的苗条美女，让观众看了目瞪口呆。如果说她的舞艺或演技还略有欠缺，她非凡的台风则是众口一词称好。

新剧目、新体态、新感情。艺术中的新时代……佳吉列夫理所当然成为一时的瞩目人物，艺术界的真正领军人物，不但被科克托这样的青年，也被老一辈的人物如普鲁斯特追捧。但是对剧团的台柱——尼金斯基、卡萨维娜和夏里亚平——他关怀备至，在演出后总带他们到布洛涅森林或拉吕餐厅吃消夜。

这个演出季的最后一场在 6 月 18 日，然后让位于舞会季。20 世纪的最初几年迎来了光彩夺目的法俄招待会。格甫尔赫伯爵夫人，俄罗斯芭蕾舞团赞助人，屡次举办化装舞会和大型烛光音乐会。她的亲戚孟德斯吉乌也是一位不可避免的人物，他是青年艺术家的至为重要的支持人。这人说话尖刻，“即使对自己的宽容也不宽容”。普鲁斯特跟他时常发生争执，在他面前行动小心，像只不得不在热砖上行走的猫。普鲁斯特初期在上流社会找到伯爵这样的保护人，但是这位青年本人聪明有魅力，不久就走进了圣日耳曼郊区的最封闭的贵族圈子，这点使伯爵很不高兴。这两位作家的关系令人好奇，他运用大量机智和一定的虚伪来维持(伯爵早已在怀疑普鲁斯特，他的名作《追忆逝水年华》初稿中的夏吕斯写的就是他)。

诗人虽则迷恋男人，但是看到异国美人伊达·鲁宾斯坦的勃勃英气，也立刻被她吸引了过去；他在回忆录中写道：“当我与这位神秘的创造物打过交道以后，有三个月时间我不怎么理会其他事；我天天看到她，尤其觉得她忧心忡忡，更关心到她的利益，尤其急切希望她只与有识之士交往，不要去应酬别有用心与崇尚虚荣的人。”诗人被这位俄罗斯青年芭蕾舞星迷住后，对人说起他去她的酒店时留下如何的印象:“艺术方面的安排让我有机会去拜访她,第一天就很不寻常,我承认让我也有点掉身价……我要去见的那个人在客厅里,门刚打开,她的影子还没有见着,我就感到整个氛围里渗透了美。一跨进门,我看到的一切令我那么吃惊,想说话就是说不出来。”

应该说明的是,伊达生来命好,过着沙皇帝国内王妃一般的安定生活。她自幼住在豪宅名邸,室内都是艺术品和名师盖印的家具。她的嗓音低沉发哑,口音很重,身材高挑,令她的崇拜者入迷。她穿沃斯公司的时装,如雾似烟般的纱裙、拖裙,头戴羽饰,更显得亭亭玉立。

在这个欢庆不断的季节,尼金斯基被演出的节奏压垮病倒了。沙皇的医生检查了他的身体,诊断为伤寒——幸而不严重。舞蹈家不管怎样被迫离开酒店,到一个私家公寓安身,在那里关了一个月,有一名护士照顾他,一切费用自然由佳吉列夫承担。佳吉列夫虽然日程中排满了应酬交际,还是经常来看他的朋友。7 月份过去,灯红酒绿的招待会结束,巴黎上等社会的人各自分散;俄罗斯芭蕾舞团的艺术家也离开法国首都。

俄罗斯芭蕾舞团创建人对自己和周围的人都要求严格。他做事像个马戏团团长,要求他的台柱演员完成风险愈来愈大的节目。比如说他发现一幕戏的最后一跳的后半节,从大厅的角度看不到。因而要求尼金斯基跳两次,在半空中跃入幕后,然后笔直落地。有人在后台对他像个拳击手那样接待,给他递热毛巾,掴他耳光,他的仆人朝他脸上泼水。尼金斯基实在被佳吉列夫的要求与强烈个性弄得不胜其烦，开始感到要换换空气，甚至逃出这只金丝牢笼。

1913年春季，佳吉列夫与尼金斯基经常发生激烈的争吵，关系恶化。佳吉列夫的爱情生活中不乏荒诞不经之处。他爱恋上自己的“作品”，但是艺术又是这种爱的最终目的。他既严酷也敏感，但是藏在他心中的这位艺术家则对人对事毫不怜悯。佳吉列夫强迫他的台柱完成的事，是他要自我实现与自我完成的义务。当他的一个学生达到自己艺术的巅峰，再也没有新的东西可以贡献时，佳吉列夫就让另一个上。这会令人伤心，在尼金斯基身上引起的则是一场真正的悲剧。有人谴责佳吉列夫，但是不明白这是他对艺术的要求，使他那么不可以通融。

只需瞧他的眼睛就可以抓住他的灵魂，了解他对美学理想、超越生命与时间的永不满足的追求。他把那么多的灵感成功地传递给别人，这对体魄这么强壮的人实在也是一种摧残，他活得并不长久。

瓦斯拉夫·尼金斯基（1890～1950）在佳吉列夫邀他入团以前，已在皇家芭蕾舞校被人视为神童。他是波兰舞蹈家夫妻的孩子，是为舞蹈出生和活着的。这人奇异神秘，技艺超群，佳吉列夫使其潜能发挥到极致，从这个意义上说，他是老师的“作品”。

尼金斯基生来对音乐很有悟性，但是对绘画、视觉艺术和舞台效果一窍不通。佳吉列夫带了他到处跑，走访艺术馆和博物馆，监督他的阅读、他的饮食与生活福利。这样做是在控制他，让他与世隔绝。爱上这位舞蹈圣手，这是完成他准备了跟他共同工作的必要条件。但是尼金斯基也需要“有人掌控”，他没有保护与支持就什么也不会做。说实在的，他从来没有生活在尘世中。舞蹈是他唯一的天地。对他们这个历史性的结合，就有这样的说法："他们这段情缘生出的不是孩子，而是让一大批杰作问世。"

1913 年 8 月，他们的关系正式决裂。在美洲巡回演出途中，尼金斯基心血来潮要娶一位匈牙利贵族小姐，再也没有回到俄罗斯芭蕾舞团。佳吉列夫这人既有情又无情，在这个既定事实面前，竟毫无节制地呜呜哭了起来，然后大发雷霆，砸碎了几件他心爱的家具与珍玩。当他停止挥舞手臂与吼声大叫时，满脸沮丧。最后，他给这个任何时代都是最伟大的舞蹈家发了一份电报，把他开除出剧团。在尼金斯基暴风雨般的生涯中，充满冲突与痛苦，他都忍受或应付了过来，这是他遇到的最大伤害。最终的结果对他是致命的。虽然在妻子的帮助下努力继续跳舞好几年，但他没有佳吉列夫就扛不起舞蹈与编舞的重担。

他二十九岁刚过就不再跳舞了，在一家精神病院度过一生中最后三十年。

在这位老师的感情与思想上，也没有人真正取代尼金斯基的位子，他们的合作是独一无二的。

诅咒诗人社

1914 年 8 月,风云变幻。德国艺术家离开巴黎;俄罗斯革命家,其中有托洛茨基,成为不受欢迎的人,被逐出法国。蒙帕那斯区许多人①都投奔到各国旗下,莱歇后来中了毒气,勃拉克和阿波利奈尔受伤动手术。俄罗斯流亡者共有九千人,没有能够来得及回到祖国的,在荣军院前地报名作为志愿者,收了四千人。

第一次世界大战那几年,当然改变了俄罗斯芭蕾舞团艺术家的生活方式和精神思想。这样,佳吉列夫作为完美的皮格马利翁,把青年舞蹈家马辛收为自己的新宠。

至于剧团已名存实亡,编舞福金回到了圣彼得堡,尼金斯基被德国人堵在匈牙利,卡萨维娜在圣彼得堡爱上了一位英国外交官,已经怀孕。至于佳吉列夫已过了服兵役的年龄,事实上已跟祖国脱离。

1915 年,他在瑞士日内瓦湖北面乌希租了一幢房子——美岸别

① 苏丁参加"劳动者军队",很快复员,莫迪利亚尼也如此,都是健康原因。玛丽亚·瓦西列夫参军当战地护士。

墅，宽敞的庄园，大理石地面，坐落在湖边，四周是荆棘和花木。自从离开俄罗斯后，佳吉列夫还是第一次生活在一个家里而不是酒店里。俄罗斯芭蕾舞团一位新人索科洛娃写道："我与佳吉列夫一起走南闯北的年代里，这六个月是最幸福的了。我相信若有人后来向他提出这个问题，他也会这样说的。"

附近住了斯特拉文斯基，还有跟佳吉列夫一起工作的俄罗斯新画家米哈依·拉里奥诺夫和娜塔丽娅·冈察洛娃。在这个被战争撕裂的欧洲中心地带，俄罗斯芭蕾舞团团长身边伴有马辛，享受着清闲自在的幸福和平生活。在敞开的窗前，他们爱与斯特拉文斯基慢悠悠吃中饭和喝勃艮第红酒。斯特拉文斯基住在蒙特勒东面奥克斯城堡，有两小时的自行车程，差不多天天到这里与他们见面。但是无所事事不是佳吉列夫的特性。他利用时间在身边组织一个新团队，他称为"诅咒诗人"。他又一次显出是个真正的魔术师，扩展人的极限。他那时邀请英国女芭蕾演员到瑞士。但是她们一到了他手里，宛如受到魔杖的点拨，不久就脱胎换骨。起初，他改变她们的名字，然后她们的习惯，她们的语言，最后她们变成"真正的俄罗斯人"，事实上，像她们的团长说的，"真正的欧洲艺术家"。这样希尔达·比维克变成了莉迪娅·索科洛娃。其他英国人，如安东·道林、阿丽西娅·玛尔科娃也在俄罗斯芭蕾舞团崭露头角。

那时期化妆品和舞鞋一切都匮乏，但是佳吉列夫每次到巴黎试图去找点钱来，回来总是给大家分发缎子舞鞋。

当时，马辛作为舞蹈家与编舞的才能得到认可。他是个非常独立的人，富有创见，这点使佳吉列夫很喜欢，但这中间不是没有冲突的。他们的关系持续了七年。但是马辛结了婚，立即又被剧团辞退。这场婚姻失败后他试图回到团里，但是没有被接受。由于战争的原因，公开演出几乎是不可能的，佳吉列夫与他的剧团把时间花在排练上。但是事情拖延不决，因为时局错综复杂。

东线，在东普鲁士发动的进攻打得气喘吁吁，俄罗斯人后撤，这样僵持到了 1917 年。沙皇掌管军队的领导权。战争看来一时不会结束。1916 年 12 月 31 日，拉斯普廷①遭暗杀，他的尸体从涅瓦河里捞了上来。1917 年初，政治局势更加恶化，罢工此起彼伏日益频繁。圣彼得堡改名为彼得格勒，早晨醒来气温降至零下四十三度。一千二百辆火车头被冰封住不能移动。用于供应首都的五万节车厢都瘫痪。饥饿的男女涌入街头，举行罢工。士兵与游行者联欢。1917 年专制王朝被推翻，俄罗斯新当局向佳吉列夫提出当艺术部长，但是他宁愿去巴黎续写他的艺术冒险事业。

---

① 拉斯普廷(1872～1916)。俄罗斯冒险家，利用医术蛊惑皇室，重用后擅权。外交上亲德，被皇室成员暗杀。

1917 年

对于我们这部法俄传奇史来说,1917 年跟 1812 年同样不容忽视。

这个时期发生了法国向俄罗斯进行第二次远征,当然不及拿破仑那次闻名,但是历史影响同样久远。布尔什维克夺权是 20 世纪的大事之一,造成大量俄罗斯人流亡到法国。

2 月,在帝国首都发生自发的骚乱。派去镇压动乱的军队拒绝服从命令,投入到反叛者阵营。沙皇失去对彼得格勒的控制。

3 月 15 日,为了尝试拯救王朝,尼古拉二世退位,让给他的弟弟米哈伊大公,但是后者放弃王位。罗曼诺夫王朝宣告结束。

流亡在瑞士的列宁回到彼得格勒,制订由布尔什维克夺取政权的计划。10 月,由他亲自仔细策划的武装起义获得成功。在全俄召开苏维埃会议,列宁领导政府。

五个月以后,1918 年 3 月 3 日,中欧各帝国跟苏维埃俄罗斯签订一个条约。俄罗斯军队组织溃散,不能阻挡普奥联军向波兰和立陶宛境内的俄罗斯部分进军。布尔什维克认为延长战争将对革命思想的最终胜利产生灾难性影响……

这场溃败对他们的理想产生质疑。列宁于是支持这个《布列斯特-立托夫斯克和约》,即使要作出巨大的牺牲也罢。他放弃几块俄罗斯土地,拯救了革命。俄罗斯再也不与威廉二世的德国作战。日耳曼军队从东线撤退,并不意味俄罗斯有了和平。跟着国际战争而来的是国内战争……

帕斯卡中尉,法国驻俄罗斯的武官,天主教徒,坚定的社会主义者,在 1917 年 12 月 27 日写道:"彼得格勒此时是一个前所未有的舞台。正在搬演的是两个社会的决斗,今日的社会与明日的社会。它们相互不能理解,它们处在不同的平面。它们不认识共同的场地,因为它们走出自身就什么都不认识。它们可以有一个共同点——因为这个共同点是至高无上的——教会,但是这两个社会都不愿意承认它,它们为此就注定一个要死亡,另一个不能成功。

"因而,从今日的角度来说,所有反对布尔什维克而说的话,称他们是叛徒、侵略者、捣乱者,都绝对没错,但是这不能够、也不会伤害到他们,因为他们本来就宣称向当前的社会开战,他们不掩饰这一点。"

布尔什维克掌握政权,与一位卓尔不群的观察家抵达俄罗斯,恰巧发生在同一个时候,他后来帮助我们理清了这个时代法俄扑朔迷离的关系。

1917 年 9 月最后几天,尼塞尔将军被任命为法国考察团团长,他带了一大帮各个兵种的军官前去,他们以后有机会帮助重组俄罗斯军队。雅克·萨杜尔与他们同时到达。

浓雾过了以后,从北方吹来一阵寒风,冻住了公路的车辙。

在驶往彼得格勒的船只上,这位旅客瞧着天空中白色云涛翻滚,发出铅一般的反光。他想到自己的命运。他对俄罗斯这个遥远奇异的国家从来一片痴情。它多少次出现在他的睡梦中。托尔斯泰、陀思妥耶夫斯基、普希金交给他最有效的钥匙去解析它的神秘之处。

萨杜尔以前是政府各部办公室的随员,这次来给武装部执行一项情报任务。他是法国社会党党员,从前当过律师,然后又是维埃纳立法会议的竞选者,自认为有丰富的政治经验和"进步的"见解,宣称一有机会他就可以与俄罗斯左派和极左派政党领袖建立关系。这样的表白也给萨杜尔招来一部分官员的敌视态度,他们的政治见解与他是绝对对立的。

如果说萨杜尔显示他的特立独行,新大使约瑟夫·努伦则是个中规中矩的人,用今天的话来说,完全遵循"政治正确"的路线。

他套装不离身,白胡子下说话慢腾腾,一口商量的语气。他张臂与收臂的姿势像在演戏,也有点滑稽,仿佛表示他在竭力讨大家的欢心。他受外交人员的影响也就毫不奇怪了,他想,布尔什维克会给打败,旧制度会恢复原状。

然而,法国特工人员的情报说的恰恰相反。

大使与武官组组长摩擦的另一个原因:十月革命后对列宁采取什么态度。武官组组长在他的回忆录中明确写道:"努伦大使先生与我合作一直非常融洽,……我们两人都认为德国给俄罗斯革命大开方便之门，让布尔什维克掌权，到了一定时候也会不得不拒绝跟他们打交道。在这种情况下，布尔什维克将被迫继续战争；如果德国愿意跟另一个俄国党派交易来消灭他们，更不用说其结果也是这样。我们的政府当然有理由不愿意把布尔什维克政府看成是俄罗斯的合法代表，因为它践踏了俄罗斯的自由。所以我们没有和这个政府有任何官方关系，但是我们总是保持着间接接触。”

可是，在违背他们大使的意见，然而又得到福煦元帅明确赞同的情况下，法国武官试图跟布尔什维克加强“间接接触”。大使馆的官员在苏维埃领导人身边“转悠”。雅克·萨杜尔上尉甚至成功地接近列宁和托洛茨基；他还时常到他那辆著名的装甲列车里去看托洛茨基。

列夫·托洛茨基，红军创建人，先是外交人民委员，后又是国防人民委员，巧妙利用他的这列私家专车——铁轨上的参谋部——的奇异惊人的影响力。这列车由几节车厢组成，有一节非常舒适的卧铺车厢，在革命以前是交通部长乘坐的。他在里面布置出一个图书室，一个会议室，接待外国访客。有两年多时间，这辆装甲列车是他的住所。“那几年，”他在名为《我的一生》的回忆录中写道，“我从此习惯了在普尔曼弹簧和车轮伴奏下写作与沉思。”

列夫·托洛茨基的列车变得遐迩闻名。它的行驶引起一阵奇怪复杂的感情，毫无疑义的兴趣与考虑，还带着不安与害怕。

列宁在他悬挂马克思像的办公室里，接见法国代表萨杜尔，氛围要严肃一点。关于这些会见，列宁在 1918 年 8 月 20 日《真理报》一封致美国工人的公开信中写道:“法国萨杜尔上尉,在言辞上同情布尔什维克,但实际上全心全意为法帝国主义服务,他向我介绍了德·吕贝萨克军官。”

这另一名法国军官,德·吕贝萨克伯爵,社会激进党人,克列孟梭式的右倾思想,也常去布尔什维克领导人那里。列宁称他“我亲爱的保皇党”。这位空军少尉渴望行动,抱怨法国不重视他说的话,输送给他的物资太少。他说到俄罗斯人:“这是些孩子。”

他勇敢,冒险,鲁莽,怪异,爱指挥。所以他帮助前沙皇帝国的军人修订地图,改变指导计划,或者派遣青年护士上医院去,也不忘了要她们陪着吃晚餐。

吕贝萨克对列宁说:“我是君主主义者,我唯一的目的是打败德国。”这跟布尔什维克领导人是完全合拍的,后者还在致美国工人的公开信里,对自己接近这位不同一般的法国人作出这个颇有教益的解释:“法国工程处的军官希望向我们提供服务,炸毁铁路阻挡德国人的挺进,在这个问题上我跟吕贝萨克很‘合得来’。如果法英军队进攻俄罗斯,逼得我们这样做的时候,我还会毫不犹豫去跟德帝国主义的豺狼订立这样的协定。”

但是1918年2月份,俄罗斯军队在德国进攻下崩溃。吕贝萨克在俄国人身边坚持岗位直至最后一刻,甚至还下命令——但没做到——要炸毁他的要塞,不要看到它落入德国人之手。他亲手把汽油库和草料库摧毁。(参见附录二)

阴谋者

柏林1918年3月3日在跟莫斯科签订一份单独和约中占尽了便宜。德国人占领乌克兰,英国人成功侵入高加索。那时候,反苏阴谋者处于一个人的影响下,他戏剧性地插上来挡在他们的路上,他是西德尼·雷利,另一位情报处的神秘人物。他生在波兰与俄罗斯之间的边境地区,从小就遭遇贫困,吃尽沙皇警察的苦头。他移民到英国,投身秘密部门,开始在全世界跑。有时在远东,化身为地毯商人,有时在德国,化装成德国皇帝威廉二世的海军军官,他到处随便出入,讲所有欧洲大国的语言。他也不忘记沿途经营自己的业务,主要在圣彼得堡作为德国大造船商的代理。这位精通军事谍报工作的专家,在俄罗斯的西方间谍中是一代宗师。

那时期,雷利有南欧人那种火辣辣的美,性格却又跟他的出身不完全相符合的含蓄。"他结合犹太人的艺术气质和爱尔兰人的奋勇剽悍"。

1918年夏初,法国人与英国人已经制订完成一项颠覆布尔什维克计划。这次行动步骤在几方面同时并进,最后达到刺杀德国大使的目的，葬送柏林与莫斯科联盟的一切愿景。

法国秘密部门头子（参见附录二）立即筹划一系列行动，目标扩大他那有名的通讯员网络，为协约国工作。他到处发钱，给拥护王朝的军官、温和的左派代表、东正教教会的高级教士、有悔意的恐怖分子和无政府主义者。又一次在档案上写得明明白白：在苏维埃俄国境内的反革命运动鼓动者按照努伦大使的手谕从法国特工组织那里接受了二百五十万卢布。

更有甚者，法国大使还感到自己另有“使命”，他要充当俄罗斯的救星。

自大狂？肯定是的，因为努伦把自己当成“历史大事件的导演”，缺少的是天赐大任的演员。大使已写成了剧本，要寻找一位胜任的演员，把宝押到了一个洗手不干的恐怖分子身上，前俄罗斯临时政府的成员鲍里斯·萨文科夫（我们已经在蒙帕那斯见过他）。

努伦自比为政治情节剧的导演，把萨文科夫看成是表演好手，善于阴谋策划的天才，活着的传奇。这个人年纪轻轻才二十岁时，就参加了针对沙皇政府内最高级官员的暗杀行动，主要是行刺谢尔盖大公。他被一位同志出卖后，感到极端失望就潜心文学——主要在巴黎——用罗普钦的笔名发表了几部获得成功的小说。这个俄罗斯人动作缓慢，目光绝望，在那时变成了巴黎波希米亚人中的宠儿，跟毕加索、阿那托尔·法朗士、马克斯·雅各布和科克托来往。阿波利奈尔在介绍他时，一成不变地说：“这是我的刺客朋友。”

在巴黎咖啡馆的日子，在蒙帕那斯闲荡的时代，从此被遗忘了，法国大使并不把萨文科夫看成是个荒唐人物。他甚至认为他具备一切品质,可成为俄罗斯无可争辩的主人。

他担当这个任务却正是说不出的合适。虽是五短身材,行动甚少,动作时悄然无声,但是神色坚决;面孔像尸体一般苍白,上面一副炯炯有神的灰绿眼睛死盯不放。他说话的声音不高也不低,几乎单调,轻轻地,静静地,抽起烟来不计其数。这些做法既对人信赖又保持尊严;他表面殷勤有礼,事实上冷静镇定,但一点不凛若冰霜。通过这个复杂的印象,感觉这人非同寻常,自制力极强,后面隐藏一种力量。

当人们仔细观察他的态度、表情和动作时,才渐渐看出他的威力与慑服人的品质。他的相貌很有意思,尽管年纪还不到四十,满脸皱纹,眼睛四周的鱼尾纹非常明显,以致有些部位的皮肤像皱缩的羊皮纸。至于他的目光,还是让丘吉尔来形容:“他的目光是无个性的,冷冷的,好像带着命运的印记。”

这样,1918 年夏初,在法国与英国代表的怂恿下,依靠萨文科夫制订了推翻列宁的最终计划。

利用几次反布尔什维克运动,促成一场总暴动。暗杀德国大使是给这场暴动发出的信号。

对法国人来说,这个阴谋应该是政治操纵的杰作。但是那时,列宁政治警察的第二把手来到第一线,阴谋家不得不与这个操盘好手进行较量。拉脱维亚人雅各布 · 彼得斯,身矮体胖,老资格布尔什维克,1910 年避难至伦敦,在那里娶了个英国女子。这位煽动高手纠集了一帮无政府主义者，大闹英国首都，被那时国务大臣温斯顿·丘吉尔下令一阵乱枪击溃。

5月中旬，萨文科夫差一点被人逮住。布尔什维克根据举报发现了他的地下公寓。在那里逮捕了十三人，搜到一些文件，其中有阴谋者计划。萨文科夫自诩要推翻苏维埃，组织"一个坚强的政权"，重建正规军队，重新开启对德国的战争。

阴谋者制订了一项庞大的计划，其中调子最高的是暗杀列宁与托洛茨基，同时举行起义："我们的组织现在非常强大……一旦行动起来民众就会跟着我们走。"

1918年7月6日，德国大使在一次暗杀中丧命。他早在5月住进莫斯科市中心的一幢特殊公馆，离法国军事代表团才几米远。第二天，苏维埃报刊控告协约国策划或者至少鼓动了这次炸弹暗杀行动。马塞尔·博迪在1935年说出了1918年7月7日这天的事。他是军事代表团的普通兵，那天在法国人占用的那幢大楼前站岗，这时福帕上尉办公室一名士官走了出来，走近他像要跟他说话。这时响起一声可怕的枪声，士官说："嘿，我相信有人刚才把大使杀了。"博迪接着这样说："我后来知道拉韦尔涅将军（法国军事使团团长）肯定听说了这桩阴谋。"

萨文科夫于是命令向古代俄罗斯摇篮之一雅罗斯拉夫发起最后攻击。8月8日夜里，六百名军官和不同地方派系扑向布尔什维克地方负责人，把他们都枪决了。

那时列宁与托洛茨基动用了俄罗斯后备部队，归附布尔什维克的斯拉夫和匈牙利囚犯组成的连队,向阴谋者发起反攻。苏维埃炮兵向城市及其修道院和教堂轰击了十五天。7 月 23 日,抵抗停止。

反布尔什维克联盟参加者都带到莫斯科处决。但是萨文科夫一直相信协约国登陆指日可待;他集结他的武装力量,通过伏尔加河运输部队,炸掉一列车军需品和通往彼得格勒的铁路岔道。

8 月底,布尔什维克党中央委员会在莫斯科大剧院召开一次特别会议,所有苏维埃领导都将出席,阴谋者决定重新袭击。

这时,法国人与英国人分担他们自己的角色。英国人负责间谍与宣传任务,法国人在韦泰蒙上尉指挥下,担任莫斯科-彼得格勒之间铁路桥梁的破坏工作。但是意料不到的事件还是使这个虚构的政治剧演不下去。首先大剧院里召开的中央委员会延期了。其次内务人民委员在彼得格勒被一名大学生暗杀,他为几天前被枪毙的一个朋友复仇。

最后,8 月 30 日晚间,社会革命党一名狂热恐怖分子,在一次工人大会的出口处,就近对着列宁打了两枪,一颗子弹打在心脏上面的胸脯里。布尔什维克掀起空前的恐怖浪潮进行回击(一周内枪毙了五千人),决定关闭法国和英国大使馆。苏维埃特工人员进入英国大使馆时发生了一桩大事。使馆人员在二层楼焚烧机密材料。海军武官下楼锁上入口处,拿了两支手枪守在楼梯口。民兵把门撞开,这时英国外交人员杀死一名警察和几名契卡人员,然后被人一枪打在头上。这次枪战促使布尔什维克跟法国大使馆对阵更为谨慎,但是政治警察还是逮捕了法国武官处的好几名军官。

苏维埃报刊在头版登出的标题是:“大使们的阴谋”、“英法强盗的暗算活动”。报纸上详细叙述萨文科夫的军事独裁计划,指控他——却无证据——提供枪杀列宁的凶器。但是阴谋头子那时远离莫斯科,处在捷克军队的保护下……

1919年1月他重新出现,是在巴黎和平会议的会场外;然后萨文科夫组织在华沙的第一届反共会议。但是会议又犯各说各话的老毛病,出席者之间矛盾重重,以致会议以失败告终。萨文科夫日益慌张,他是个明白人,知道西方正在放弃他。他这个地下恐怖分子经验老到,已经觉察苏维埃警察渗透到了他的组织内部。他感觉克里姆林宫特务到处跟踪他。他使人想起陀思妥耶夫斯基笔下这类悲情主角。

他只是个非常神经质的人。偶尔,在酒精影响下,两眼闪烁火光,才恢复些许从前的意志力。但是他精神崩溃,眼圈发黑,乳白的肤色几乎变成了黄的。在巴黎总有两三个令人无法心安的俄罗斯人陪着他。他只是以前那个人的影子了。

这时候,从俄罗斯传来了一个振奋人心的消息。一个神秘的大组织在巴黎接触上了俄罗斯反对派。这个组织叫“城市信贷行”,隶属于自由民主派。这些人希望萨文科夫回俄罗斯领导一桩新阴谋。

在这样的局势下,列宁得了重病。他的精神状态完全破坏,谁都认不出来,有人走近他就大吼。斯大林当上中央委员会总书记,竭力排挤托洛茨基,托洛茨基感到威胁,依靠他创造的红军。高层的对决可能敲响新制度的丧钟。

命运之神好像又向萨文科夫微笑，他多少次扭转局势从中谋利，就像他初出茅庐时做青年恐怖分子策划暗杀，就像1917年2月召去领导俄罗斯历史上第一个民主政府的国防部。虽从那时起法国人已经退出，这不重要，他还可依仗美国人的帮助……

动身去莫斯科以前，萨文科夫跑遍全欧洲，又跌入了谷底，觉得他必须孤注一掷，要么回到俄罗斯策动反布尔什维克的暴动，要么在欧洲一死了之，用他的话来说，“是给在国外生活的人指出怎样为俄罗斯作出牺牲”。

他长年不变穿一套深色西装，白领子，黑领带，他说起自己可能的死，仿佛是“对布尔什维克的野蛮行为的抗议”。

1924年8月9日，萨文科夫由他的四名亲信陪同，离开巴黎去华沙。但是当他要越过与俄罗斯接壤的边境线时，被俄罗斯秘密警察截住。

“干得出色，”他冷冷地说。

事实上，苏联政治警察头子捷尔任斯基精心布下了这个陷阱。他担心萨文科夫在列宁继承权斗争的浑水中领导反对派，成立了一个特殊的参谋部，由他最亲信的合作者组成，组织逮捕“第一号政治敌人”。“城市信贷行”实际上是个虚设的地下组织，工作人员全是契卡的人组成的。

萨文科夫被押到莫斯科，投入牢内。向他提出一项交易：要活命就要声明忠于苏维埃制度。他同意了。

温斯顿·丘吉尔深知他的心理状态，对他这次改弦易辙有自己的看法。

“他面对历史羞惭无地,被他的朋友看成是一个犹大,他感到囚禁的状态一周比一周不堪忍受。克里姆林宫对他的呼吁嗤之以鼻。谁也不知道他在牢里是被暗杀还是绝望自杀,这不重要,他们在灵与肉上把他杀了,他们把他生平的成果丑化成一出闹剧,他们让他辱骂自己贡献了一生的事业。他们从此玷污了他的名声。”

苏联人甚至要摧毁非常有魅力的萨文科夫神话。后来有一名秘密警察头子肯定地说是他最后的爱情,他一生的女人,法国人德朗塔尔把他出卖给了苏联人。

1925 年春天,二十来位外国记者获准去会见和采访萨文科夫。他住在一套豪华的公寓牢房里。这次露脸以后不久,在 1925 年 5 月 7 日,他从五层楼的牢房上跌下来。据索尔仁尼琴的说法,死者最后那封信是另一名恐怖分子代写的,那个人已悔过,奉命跟他共住一间牢房,为了施加必要的压力逼他就范。1980 年,瓦恰夫斯基教授,他 20 年代在政治警察队伍里工作,向我透露说,他的上司要尽快结束此案,精心配制了毒品与酒精的混合液把萨文科夫消灭。

努伦大使在他的《回忆录》中写到萨文科夫的自白书:“有人说当他出现在法官面前时,他揭露了一些事,对我表示质疑。他们有这样的暗示但是不能说明什么,道理很清楚,这些揭露中提不出一桩具体的控诉来反对我。”

法国外交部所在地奥塞河滨道解密的档案驳斥了这位老资格外交家的声明,又一次证实他在这场阴谋中扮演的角色。

至于萨杜尔上尉,他对抗他的上司,脱下军人制服,在1918年底前去参加布尔什维克党。下一年,在共产国际代表大会时,他的衣着精心打扮:戴一顶大礼帽、穿一件大礼服、戴白手套。一位俄罗斯公主给他当翻译,她也像他那样穿戴入时。在大厅里,夹在一群衣衫褴褛的无产阶级人群中,他们在人看来当然非常触目。萨杜尔这时变成坚定的共产主义者。他甚至在敖德萨指挥俄罗斯军队对抗法国军队。他成为首批法国布尔什维克中最耀眼的一位,也是最有争议的一位。一年后他被巴黎军事法庭缺席审判提请死刑。有好几年他远离法国首都,后来又大胆回到那里展开活动准备推翻法庭的判决。当然,他被捕了,重新审判,定为死罪。但是又改判为押解出巴黎流放。他后来在法国成为苏联人的不可动摇的支持者,高声宣称——尤其在蒙帕那斯的餐厅里——他忠于莫斯科,莫斯科那时不但已成为苏联的首都,还是共产主义的象征,在几十年内要肃清圣彼得堡的西方化传统。

交叉路口

第一次世界大战行将结束时，蒙帕那斯区变得非常受人欢迎，新酒吧、餐厅、咖啡馆纷纷开张，如帕尔那索斯或变色龙，都是文学艺术讨论优先选择的地点。可是大部分俄罗斯人（在布尔什维克当权后新到的人）都远离这样的盛会。他们借住破旧的旅店，进旅店的食堂或者洛东达咖啡馆吃饭。一位俄罗斯诗人写道："我不参加，我不存在于这个世界上。我生活在咖啡馆，像个酒鬼。"

大部分流亡者不是生活在首都的市中心。这样，哲学家尼古拉斯·伯达耶夫住在克拉马，女诗人玛丽娜·茨维塔耶娃住在默东，作家尼娜·贝勃洛娃住在比扬古。至于忠实的东正教徒继承者、年老的崇礼派社团，他们拒绝17世纪引进的崇拜仪式，一直定居在努瓦西勒鲁瓦。

布洛涅区有一座森林与一个跑马场。通过两旁有树木和草坪的大马路走进里面。比扬古镇上有雷诺汽车厂，在一条肮脏、不起眼的商业街两边是俄罗斯人的穷酒店。人们听凭机缘和交易所行情，从一头住到另一头。在比扬古有一个小旅店，曾在莫斯科著名夜店出过风头的女歌手普拉斯科维娅·加弗里洛芙娜，就在那里悲惨地结束自己的生涯。她用尽尚剩的微弱歌喉，夹在两名茨冈吉他手之间，唱她的怀旧歌曲。桌布是脏的，椅子脚是跷的，常客都是些流亡者，女歌手尽管年过六旬，嗓音破哑，唱起昔日的回忆还是能够撼动他们的内心。在这背景脏兮兮的店堂里，女招待则长得一个比一个好看。

生活最宽裕的流亡者住在比较宜人的住宅区，如神秘作家梅莱可夫斯基与他的妻子女诗人希皮乌斯组成的一对。他们在第十六区博内上校路二十号战前买下的一套公寓里，每周日招待五到七个客人。他们在布尔什维克革命后住进去的，很高兴找回了自己的图书馆和小摆设。作家坐在大餐桌的一端，犹如苏丹一样主持工作。女诗人则高高坐在威严的丈夫的椅子扶手上，高谈阔论，谈话都由她开头，也由她结束。她两腿高高叉起，大胆地穿着这些疯狂年代富有挑衅性的衣着。她的头发剪得像个假小子，额头上黑煤般的眉毛中间挂一块绿玉。炭黑色化妆使她的眼睛更乌，染红的指甲之间捻弄着像一把小刀似的烟嘴。主人主持思想讨论，而漂亮的妻子周围有一帮青年诗人，她喜欢在他们中间施展影响。然而在这类五到七人的集会上，有一位作家在 1934 年建议召集他曾调查过的一百二十四位作家（有人立刻责备其中有不少遗漏），组成一个“境外俄罗斯文学院”，分成三个部门：“学长”，在革命前名声已确立的人；“候选”，流亡前已开始写作的人；“新苗”，在流亡中显现或形成文学天职的人。这个学院从来没有见过天日，但是，即使没有明确存在，这样提出的分类法还是颇说明情况的。事实上，作家的生活非常艰苦，完全不是建立几个多少是人为的学院所能解决问题的。尼基塔·斯特留夫在《六十年俄罗斯移民史》中提出:“作家的抱怨是有道理的,他们的读者比在俄罗斯时要少得多。真正的问题是他们生活在这个‘无人之地’,这使他们无法在当前的现实或氛围中获取题材。如果说功成名就的作家可以回顾他们的过去,青年作家必须面对难以克服的不利条件,他们没有过去,或者说很少过去;流亡者社会过于飘忽不定,提供不了足够的材料可以建造一个小说世界;此外,语言环境残缺不全,使语言掌握能力大受伤害。”

穷人与富人,幸运的或绝望的,都相聚在那几块地方,如多米尼加餐厅(依然还在布雷阿路十七号)或达吕路,那里有镀金洋葱顶教堂和小酒馆,可以尝到著名的胡椒伏特加,其苦味正好适合俄罗斯流亡者心头抹不去的绵绵思乡情。

流亡者中也有许多人聚居南方,在尼斯城里有东正教大教堂和沙皇旧居的区内。不论什么条件的俄罗斯人都生活在绿宝石镏金穹顶的阴影里,在圣像和茶餐具之间——这是圣彼得堡辉煌时期的唯一遗迹。有钱的住在山顶,无钱的住在海边……

俄罗斯人为什么那么喜欢法国南方的里维埃拉地区?毫无疑问,气候是一大原因。确实,他们欣赏那里的海景,就像他们在冰天雪地的圣彼得堡,迎面承受着冬天零下二十五摄氏度的严寒和每天十八小时的黑夜。另一原因显然是俄罗斯人嗜爱赌博;况且,艺术家的行当——俄罗斯人往往有艺术家的性格——不就是类似“爱情与机缘”的赌博吗?其次,对斯拉夫人来说,法国南方保持一个秘密,其中掺杂了生活的乐趣与浪漫的激情。

说来也是,俄罗斯人在19世纪已经来到了里维埃拉。不单是大公们,还有艺术家和作家。1898年3月,契诃夫就由两位朋友陪着在尼斯的俄罗斯旅舍住过一阵。1898年3月16日,《樱桃园》作者给他的妹子玛丽亚写信说:"尤金来了这里,要在轮盘赌上赢几十万法郎去盖一座剧院;波塔本科来了要赢一百万法郎……他们天天赌。"尤金是亚历山大·苏巴托夫亲王,演员和剧作家;依纳爵·波塔本科是小说家。

嘉拉·达利,原名季亚可诺娃,也发疯似的要去里维埃拉。她亲口对我说她在1921年发现了蓝色海岸,坐在赌场的绿呢桌边与赌博结下了不解之缘。但是这个来自莫斯科的穷少女在这些纸醉金迷的黑夜,除了沉湎于赌博以外还是有其他感觉。在俄罗斯以为离得那么远的东西,在这里突然唾手可得。通宵达旦狂赌,这也是当时自由女性的一种挑战,她们在她以前书写了这段非凡的历史,把20世纪的许多大艺术家与俄罗斯缪斯的生平联结在一起。

她的丈夫保尔·艾吕雅在她身边也赌疯了。然后命运之轮转了向,嘉拉不久跟马克斯·恩斯特热恋,然后又遇上了萨尔瓦多·达利;这两人后来跟俄罗斯人工作,恩斯特当上佳吉列夫的舞美设计师,而达利则跟编舞家马辛一起排戏。

此外,佳吉列夫的天才也促成法国里维埃拉的俄罗斯社团与法国时装业的牢固联系。这样,时装设计师普瓦莱向市场推出他受俄罗斯芭蕾舞团演出启发设计的时装系列;伊里亚·茨达尼维奇给凸版印刷艺术带来了革命,他在夏奈尔公司里当上衣料设计师。

大量的俄法合作纷纷出现在高级豪华服装业,主要是沙皇帝国的侨民与法国时装师(如勒隆,他娶了保罗大公的女儿)之间的合作。费利克斯·尤索波夫亲王是位神秘人物,也是拉斯普廷的暗杀者之一,他的妻子是亚历山大三世的孙女伊丽娜,推出他们自己伊丽菲(Irfé)服装公司的品牌(用他们的名字 Irina 和 Félix 前面的字母组成的公司名称)。

疯狂年代

这些年间,俄罗斯流亡者中间形成两种态度。如果说他们中间大多数人生活在等待中,一直盼望立即回去,其他人是心里明白的少数派,尝试在法国成家立业。在这些人中间,佳吉列夫又一次做了先驱者。

战争以后,他唯一的期望是把从前的岁月一笔勾销。个人的这种思想演变也启动了他的芭蕾舞团的变革。这在他已有一段时间,觉得一战前的剧目愈来愈过时,寻求远离传统美学的做法。他热爱法国的新绘画,尤其是高更,愿意在表现主义倾向的启发下改变造型艺术的表演。在这个蓬勃发展的时代,他影响了艺术中的许多领域,尤其是舞台艺术完全被他革命化了。佳吉列夫虽是地道的俄罗斯人,却成了"发挥法国艺术天才的领军人物"(根据米西娅·塞尔的说法)。

为了达到这一个目的,他一开始便把毕加索、然后是马克斯·恩斯特、德莱、胡安·格里斯、路沃召之麾下。这次,泛欧洲的感情光彩盖过了俄罗斯的根源。他寻求音乐家德彪西、拉威尔、萨蒂、米约、夏布里埃、奥立克、德·法拉、普罗柯菲耶夫和斯特拉文斯基的合作。至于脚本，他向当代作家约稿，也从古典作家取材。在这个法俄艺术共生工作中到处见到科克托。他多才多艺，这使他长期来不被大家认真对待。他开始以自己的作品得到认可时，就遭到许多宗派如超现实主义、立体主义的恶毒攻击。他有了俄罗斯芭蕾舞团坚定不移的支持依然轻快地走着自己的道路。佳吉列夫还未对他有任何印象以前，先是向年轻的科克托下了这个命令："要让我大吃一惊！"他就与毕加索合作在1917年做出了《迎客戏》[1]，毕加索负责舞美布景。这部作品给其他艺术家提供灵感的源泉，科克托继续毫不厌倦地向各个方向进行他的实验。靠了非凡的天才，他统治了疯狂年代的舞台，成为那时期最典型的代表人物之一。

这时候，有个青年走进他的生活：雷蒙·拉迪盖(1903～1923)。他钦佩无与伦比的《克莱芙王妃》和科克托小说《伪善者托马斯》胜过一切。他本人第一部小说《魔鬼附身》，写青少年时的爱情邪念，这是细腻与鲁莽、温柔与无情的奇异结合。后来他又发表了诗集《面红耳赤》——科克托说，像他一样。最后是他身后出版的杰作：《多尔杰伯爵的舞会》。

这是个有真正天才的流氓少年：粗暴无情，时而热烈，时而冷淡，科克托说到他，"要用金刚钻才能划破他的心"。他对于易动感情

---

① "迎客戏"(La Parade)，指在剧场门口表演的滑稽炫技小戏，目的是招徕过路人购票入场看大戏。

的科克托倒是天造地设的合适。他们相互影响,获益很大:科克托由于他写出几部佳作,拉迪盖则完成两部经典著作。他像科克托一样在巴黎胡天野地。他死时才二十岁,已被酗酒戕身。科克托无疑也受不了忧郁而走近了鸦片。

在雷蒙·拉迪盖过世后,佳吉列夫做一切来安慰科克托。诗人深为感动,给俄罗斯芭蕾舞团创建人写信说:"我亲爱的谢尔盖,我的痛苦难以平息,但是我决定前来找你们。你的来访使我深受感动。我只能在创造新作的氛围中生活。我也需要奥里克、波朗克、格里斯。大流士(米约)的热心令人赞叹。他日夜都在这里。对我来说雷蒙就是诗。现在给我留下的是一个音乐家家庭……J. C."

佳吉列夫那时鼓励科克托振作,促使他把里维埃拉的印象做成作品。这样为俄罗斯芭蕾舞团创作了《蓝色列车》,轻歌舞剧,开创了一个现代现实主义时代:"机器、摩天楼与帆布躺椅的诗意你们已经熟悉,"科克托写道,"现在要接受街头的诗意,要认真对待这些'平凡'的歌曲。不要害怕平凡,把你们的注意力全都集中在这新生的音乐,这将是明日的音乐。"

科克托把他的作品想象成"一幕海滩剧"。舞蹈者在淋浴室和太阳伞的布景前走过。那里婆娑起舞的是"母鸡与小白脸",跳出各种各样的体操与旋转。科克托还年轻有为,文思不绝,在30年代还写了其他出色的作品,在此不可能逐一列出。《可怕的孩子》——如书所说的,是对潜意识的惊人搜查——被年轻的一代看成是一个时代的信息,对于他们科克托成为一位启示者,犹如在此之前佳吉列夫对于他一样。

另一位与俄罗斯人极有交情的天才创作家是毕加索。他与佳吉列夫一样，从国外来到了法国，让天才达到淋漓尽致的发挥。

他喜欢和佳吉列夫与斯特拉文斯基在巴黎街头溜达。在1919年跟他们一起去了西班牙。斯特拉文斯基在他的要求下经常弹钢琴。他们在露天座的火光下跳舞直至深夜。毕加索习惯在黑上衣里面束一条宽皮带。他目光灼热，像个斗牛士。

除此以外，佳吉列夫与毕加索共同还有特殊的才能，利用艺术解决一切个人问题。画家与俄罗斯芭蕾舞团的魔术师，跟作家与音乐家们都心灵相通，会移动各派艺术领地上的传统分界线。但是，在那时候，画家的精神里时时闪过的是舞蹈，或者说被明确占领的是一位女舞蹈家奥尔加，后来成为他的妻子[①]。

但是这段爱情牧歌没有唱多久。1935年，毕加索又回到他的波希米亚人生活，与妻子的交际界朋友一刀两断。他们保留的唯一共同去处是俄罗斯芭蕾舞团，他继续常去，很高兴在那里见到老朋友马辛和让·科克托。

那时候，有两个女人坐在这块地方的宝座上，加布丽埃尔·夏奈尔和米西娅·塞尔。

第一个是法国人，代表时装和工业；第二个，嫁给一位西班牙画家，自己有闲玩玩音乐，自称要担当剧团缪斯的角色。佳吉列夫尽管

---

① 见附录三。

对男性有偏爱,也屡次三番说有两个女人他还是愿意爱上的,塞尔就是其中一个。他说的另一个女人是女舞星的象征人物塔玛拉·卡萨维娜。

米西娅·塞尔与加布丽埃尔·夏奈尔一生都很亲近,只要一方发出遇难信号,另一方就走去搭救。可是这两个女人在这块俄罗斯人地盘里,为势力范围展开一场真正的战斗。夏奈尔在20年代资助佳吉列夫的事业,使天平倾向她这一方。虽然她从来没能把米西娅排挤掉,但是小裁缝一步登天,做了俄罗斯芭蕾舞团的艺术奖掖人,总是改变了力量对比。

然而把这个从农村来的少妇介绍给俄罗斯芭蕾舞团团长的还是米西娅,"这双闪烁花岗石颜色的眼睛,到处乱扫,光芒那么强烈,使大家看起来都以为是黑的。"她那时经营女帽生意。"小姐"身材苗条高挑,一条长脖子上长一个小脑袋,要拿着女性服装闹革命,让女人从束胸背心中解放出来,把她们的裙子剪得短短的。

夏奈尔对于佳吉列夫剧团的全球艺术使命,表现出那么大的热情与诚心,捐出足够的钱使它生存发展。

在那些豪华阔绰的地方,夏奈尔对多维尔情有独钟。俄罗斯芭蕾舞团在1912年由尼金斯基出演《玫瑰的幽灵》为那里的赌场揭幕,把这座海滨城市捧了出来。这样她在新落成的诺曼底酒店附近租了房屋开一家专卖店。那个时代,女人出外还是戴沉重的大帽子,上街戴阔边软帽,上赌场头插羽饰。但是夏奈尔的无边小帽,只配上一支羽毛或一朵花,也开始流行,不久就把阔边软帽挤到花园舞会,最后又束之高阁无人理睬了。

鲜花盛开的海岸吸引了时装发布会、汽车运动、高尔夫球赛、赛马来此举行。多维尔在8月份苏醒,迎来一批国际风雅之士。围绕着赛马大香槟,在剧院里,在绿呢子赌桌旁,在游艇上,大家忙得、玩得晕头转向。

“8月份的多维尔,是一个各人亮相的重要地点,”佳吉列夫说。

即使在轻松的时刻,周围都是朋友,夏奈尔的全身感觉器官也显出处于警觉状态。是因为她天生一种特殊的嗅觉,能辨别出天才与庸才?

她每晚都遇到俄罗斯芭蕾舞团的人。她是不是当过歌女和舞女?她的传奇很少提到她接受过布尔乔亚教育,其间是不是研究过音乐与唱歌?反正她在钢琴前自弹自唱,能唱出美声中最难处理的乐曲,神态从容自在,次低音音色优美,这点叫音乐家和编舞都感到迷惑不解。

在她的崇拜者中间有斯特拉文斯基,他自从《春之祭》取得凯旋以后,成了剧团的标志性作曲家。

这种“温柔的法俄友谊”说明了佳吉列夫剧团固有的丰富多彩的团风,虽然斯特拉文斯基在法国生活还有为难之处。1925年以后,大部分演出预约来自美国,不论是《阿波罗》、《打扑克》或《诗篇交响曲》等芭蕾剧。在法兰西学院投票选举中,二十八票反对,四票赞成,他被击败。

夏奈尔经常参加排演。一般来说,斯特拉文斯基只是在总体上给些指示，但是夏奈尔一来，他就激动了，脱去上衣，在钢琴前坐下弹奏，用一张破嗓子唱歌传达他的热情。他身材瘦小，脑袋有点秃，聪明的前额，玳瑁架大眼镜，尤其巨大的“音乐家手掌”，把琴键乱敲，喘气，拍子不全就用脚踩踏板，或者用肘子敲键盘，保持速度。有时他突然停下，接着又响起暴风雨般的声音。

20 年代，夏奈尔在卡尔奇买了一幢房子，让经济情况大为不妙的斯特拉文斯基和妻子住在里面。给予这对夫妇帮助，这不妨碍夏奈尔对作曲家的温情继续保持。可是在 1927 年，伊戈尔必须到西班牙去。夏奈尔答应到那里去找他。但是到了最后时刻，她还是我行我素，觉得驾驶自己的劳斯莱斯新车，跟另一个俄国人季米特里大公南下到蒙特卡洛去更加“开心”。

斯特拉文斯基向米西娅·塞尔抱怨以后，接到了下面这份电报：“可可是个小女人，她喜欢大公们胜过喜欢你。”斯特拉文斯基为此大光其火，佳吉列夫不得不用这些话关照夏奈尔：“千万不要回来，他要杀了你。”至少夏奈尔是这样说的。米西娅则不承认有过这封电报。可是，这段插曲引起这两个女人最激烈的争吵，好几个星期相互不理不睬，直到后来——像她们所说的——“又在佳吉列夫的激情中”重归于好。

青春水

俄罗斯芭蕾舞团团长年届五旬。他变化无常的脾气愈发频繁。他对生活的激情原来有口皆碑,也开始衰退了下来。从那时起,他避免照镜子,也拒绝让人拍照画肖像。他比什么时候都迷信,不带手杖绝不走路,这样才能够随时接触木头,按照西方的谚语这避凶趋吉。在巴黎时尚餐厅,可以看到他高大的身影,旁边有先后宠幸的青年,一个比一个年轻,英俊,有雄心。佳吉列夫没有失去他的观察力,以及他对俄罗斯芭蕾舞团的绝对权威。目前来说,他徒然对此说个不已:“巴黎是我的青春水。”缠绕他心头的是要找到“一个新尼金斯基”。

这样他发现了一个少年,长得像个印度王子,暗里集中精力锻炼自己完美的身体。他叫谢尔盖·里法尔。

1923年初,基辅一个青年芭蕾舞团组成不久,他随着离开苏俄来到了法国。俄罗斯芭蕾舞团团长欣赏青春,对他来说毫无疑义的是:这群“基辅的幽灵”来这里会使欧洲大吃一惊。但是当佳吉列夫问年轻的里法尔他能做什么,他的同伴不得不代替他回答,因为他被

“芭蕾沙皇”震慑得说不出话。

不久乌克兰舞者有了他的第一个角色。当《天方夜谭》进行排演时，佳吉列夫对舞台监督说：“把死在楼梯上的那个男孩子角色给里法尔演。这对他很合适。”但是尼金斯基的妹妹布罗妮斯拉娃，嫉妒地独享着哥哥的荣誉，干预说那个青年经验不足。佳吉列夫同意。但他说：“以后您会看到，这是一个新尼金斯基。”里法尔怀着这个理想像长上了翅膀。他还一无所有，但是他刚才接到了第一个角色，已感觉作为舞蹈家的尊严。从此以后，他心中树立了这个信念：他必须工作学习，成为这位新尼金斯基……

里法尔对佳吉列夫非常崇拜，即使他只是芭蕾舞团的普通一员，并不知道大师已经看中他要予以深造。他努力工作，超时练功改进技艺，但是当佳吉列夫跟他说话时，他身子发僵像块化石。事实上他已经爱上了。他瘦长英俊，此外脾气又好，与古怪、捉摸不定的尼金斯基完全相反。不久他就被收入门下，成为他一直梦想的宠儿。“他应该是这样的，这是命运使然，”他说。

再一次，佳吉列夫因他的艺术选上了他，又让他做了自己的伴侣。年轻的里法尔全身心交给他日夜思念的大师，也受到这个非同寻常的人物极大迷惑。教育过程是按照纯然的柏拉图传统进行的：参观画廊与博物馆，研究浮雕与古典雕塑的姿势，去意大利旅行——尤其是前往威尼斯。里法尔聪明地揣摩大师的怪异性格，他斯拉夫式的脾气发过以后，接着温情的表现使谁都会心软了下来，那是人人皆知的。

1923 年 10 月的一天,当他从海边回来,佳吉列夫突然抓住他的胳膊说:“我是选上了您,年轻人,这是为了您好。我注意到您已有好久时间了,您比您的那些同伴更有天才和热情。我要帮助您把您的天才发挥出来,您就是不能领会,您像野动物那样躲着我。全凭您了。您以为我会来求您吗?”他气得满脸通红,最后大吼一声:“年轻人,您错了。”

青年舞蹈家有点儿沮丧,但是诚心诚意,练功更加努力。里法尔从一头粗野的小熊,变成了一个彬彬有礼的文雅青年。

不久报刊开始谈论一颗冉冉上升的新星。

但是,在 1927 年,佳吉列夫开始对芭蕾失去兴趣。这种冷淡态度后来日益加剧。对一位多层次精神面目的人物,俄罗斯芭蕾舞团说到底也只是其一生多变的遭遇而已。这段人生插曲也拉得过于冗长,二十多年了。肯定是这一点使他累了。周围的环境也让这原是欢乐的冒险行为转化成了一种隶属关系。他多感情,也感情用事,时生奇想,突然沉迷不能自拔。首先是爱上了听唱片。差不多每天中饭后他要听上两三个小时密纹唱片。这个怪癖只是另一个从后果来说还更严重的怪癖的前奏。他首先给马辛,然后又给里法尔,搜集了一画廊的布景模型以后,又在里维埃拉找到一部使他感兴趣的“小书”……如获至宝,这又燃起了他新的热情之火。起初,大家都好意嘲笑他的新念头。但是这在实质上使整个剧团处于险境。实际上,这个行动渐渐占据了他的全部身心,他的生活围绕它而另行安排了。他外出不再是去发现男的或女的舞蹈家,而是买珍本书籍。

1929年8月，正如以前在圣彼得堡的一个茨冈老妇预测的一样，死亡将把俄罗斯芭蕾沙皇撂倒在威尼斯的水面上。

当装运灵柩的贡多拉到了圣米迦勒岛，两位死对头——他的秘书科切诺与他的舞星里法尔——跪着抱起棺材，把绳子咬在嘴里把它放到坑里。里法尔甚至试图自己跳入墓穴。

佳吉列夫这么一位大艺术家确也配有这样的情景。

生的欢乐不再存在

佳吉列夫的逝世标志法俄故事的这一章宣告结束。然而,他的成就起的作用那么巨大,从俄罗斯新来的艺术家都可以得到业界的延聘,舞蹈、编舞、音乐,还有舞美、服装、家具、制鞋、假发等方面的人才都有发挥的机会。要比其他流亡者更容易继续操自己的旧业。尤其在自己俄罗斯人中间,参加有尊严的创作工作。相对于当客车司机或钢铁工人的旧军官来说,他们的命运令人羡慕;与青年诗人与作家相比也是这样,他们在工厂或车间忙了一天以后,只有在晚上才能写作。

1924 年,法国承认苏联,边境相对开放①,引起新的流亡浪潮,一般来说他们从柏林过境进入法国。

从 1927 年起,苏联大使馆禁止苏联侨民跟"无国籍人"来往。这项决定恰与经济危机同时出现。流亡者原本灾难性的经济情况更是

① 边境只有开放几个月。亚历山大·伯努瓦,俄罗斯芭蕾舞团的舞美师,1926 年利用到巴黎的演出机会在法国留了下来。

雪上加霜。房租付不出，电气切断，杂货店的赊账停止，这些人只吃面包与咖啡。有的人在那时回到他们的家乡，如阿列克赛·托尔斯泰，后来又有画家比里平和作曲家谢尔盖·普罗科菲耶夫。

苏联人眼中的标志性诗人马雅可夫斯基，常来巴黎住上一段时间，下榻在第一战役路的伊斯特里亚酒店，乐意自称为“克里姆林宫全权代表”。另一个俄国人艾尔莎·特丽奥莱，她的姐姐丽丽是马雅可夫斯基的缪斯，住在同一家酒店；由于马雅可夫斯基出面，费尔南·莱歇给她在那里找到了一个房间。她迎接这位圣像破坏运动的巨人、她的老朋友的到来，就像是一股清新空气。

另一位向导伊里亚·爱伦堡，乐意自称是在巴黎的一个俄罗斯人和在俄罗斯的一个法国人。这位小说家-记者自比为“欧洲文化使者”。他认识每个人，马克斯·雅各布、迭戈·里维拉、毕加索、费尔南·莱歇，当然还有阿拉贡。阿拉贡成了艾尔莎的新爱，艾尔莎经过那么多的露水情，终于找到了自己一生的男人。她已经三十多岁，但是自己最初几部小说：《森林中的草莓》、《塔希提》和《伪装》还没有让大众接受。

布尔什维克的俄罗斯对于流亡者的成功难以掩饰愤怒的心情。马雅可夫斯基关于他游历欧洲的散文，1923 年发表于莫斯科，对“巴黎的俄罗斯人”充满鄙夷。有一件小事使他大为光火。巴黎秋季沙龙展出一位俄罗斯画家的一幅肖像画，一个女人手里拿了女诗人阿赫玛托娃的一部诗集（那时她是白军的缪斯）。马雅可夫斯基写下这些话作为终结：“苏维埃俄罗斯的艺术工作者，我们是世界艺术的领头人,先锋思想的旗手。”

“左派”俄罗斯人把新古典主义与反革命联系起来。对他们来说,恢复古典形式是表明要与从前的俄罗斯接上关系的意图。作曲家普罗科菲耶夫那时还住在巴黎,1928 年写了一封信寄到莫斯科,提到斯特拉文斯基的《缪斯领袖阿波罗》,连编舞的名字都不存心提及:“我在佳吉列夫的一部编剧中看到和听到这个东西,深感痛苦与失望。题材贫乏可怜,都是从最可耻的口袋里偷来的: 古诺、德里勒、瓦格纳或许还有明库斯。”

幻想没有持续多久。

1930 年 4 月 15 日,在巴黎,有人敲艾尔莎·特丽奥莱家的门。阿拉贡躺着没动,他的妻子号叫声像雷霆一样打在他身上:“死了,死了,死了……”马雅可夫斯基在莫斯科一枪自杀了。

诗人的自杀与斯大林制度的严厉同时发生。俄罗斯跟世界隔绝起来。在这个阴暗的局面只有一件事堪以安慰: 1933 年,伊凡·布宁获诺贝尔文学奖。俄罗斯社团全体庆祝这件大事,从中看到对自己的身份的认可。

但是,1935 年,阿列克赛·托尔斯泰从苏联过来,却说:“在蒙帕那斯……没有一个活人,只有各种红蓝广告牌与荧光灯组成的鬼火下的几个鬼魂。……生的欢乐已经死亡。”

俄罗斯轮盘赌

我经常跟那个时代的见证人提起这些阴暗的年代。

“一个俄罗斯流亡者对命运与宿命想得很多，”嘉拉·达利对我说到这件事。她永远戴着她那顶宽边帽，穿一套雅致的羊毛套装，长上衣胸下向腰里收缩，手戴一双皮手套。

确实，俄罗斯人相信运道，相信天命。举手枪打自己的脑袋进行赌博，弹膛里有没有放子弹，扣动扳机时打出的是一颗子弹还是一声空响，这都是由命运决定的，难怪这叫做“俄罗斯轮盘赌”。20 世纪初，俄罗斯军官中非常流行这种以生命一博的豪赌。这个国家的文学中也常把这类绝望的赌徒写成英雄。普希金在《黑桃皇后》中描写过一位。他也写过一部短篇，篇名是《一声枪响》，说的是命运与机缘。后来，当然还有米哈伊尔·莱蒙托夫的作品，在沙皇帝国跟普希金的作品同样受人敬佩。

嘉拉提到她的童年朋友玛丽娜·茨维塔耶娃，她认为她是任何时代最伟大的女诗人之一。

这次谈话给我心灵一个触动。这样我决定以这个人物的悲惨命运来结束我们的法俄罗曼史的第一部分。当然因为她是被放逐到法国的典型亲法文人,主要还因为她的个性处于20世纪一切悲剧和巨大幻想的交集点上……

玛丽娜生于1895年。她的父亲是杰出的历史教授,今日莫斯科普希金博物馆前身美术博物馆的创建人。全家住在市中心的一幢大房子里,有众多仆役,满屋子是打上印记的家具、金银器和大师名画。在这幢房子里的聚会犹如一席柏拉图式的盛宴,作家与艺术家、知识分子与哲学家聚在一起,从子夜到黎明讨论象征主义,"神秘的无政府主义和希腊的神秘"。

玛丽娜少女在这样的圈子里开始混淆了现实与虚构,听了当时风行一时、把艺术转变为人生的号召感到入迷,也就不足为奇了。她经常有嘉拉在身边,从她房间的双层玻璃窗观察水面发黑的莫斯科河。河水在桥下流过,桥上的灯映在水上流光溢彩,白、蓝、红。"像法国国旗……或俄罗斯国旗的颜色。"

城市带着灰暗的花园延伸在对面一块高地上。莫斯科保持从前外省城市的外观,颇有旖旎的仙境风光。首都令人想起民间故事与一千零一夜的绚丽。古代习惯依然延续。比如说在秋天,美术学校大院子还是举行向马祝福的仪式。

随着新世纪的到来,一切都在改变。莫斯科热情高涨,要参与世界大都市的事务,开始狂热地兴建高大的公寓楼。每条马路上巨大的砖头建筑矗向天空,也在不知不觉间向四周扩大。同时,莫斯科赶在圣彼得堡之前打下了俄罗斯新艺术的基础——年轻、当代和活的艺术。但是玛丽娜也不仅仅生活在俄罗斯氛围里。

她还与莫泊桑和福楼拜讨论问题，仿佛他们是她的同时代人；她更喜欢爱德蒙·罗斯当。还要说的是她那时已去过巴黎。在拜谒她的偶像拿破仑的坟墓时，她高声说："我知道自己！波拿巴，我只是在他倒台的那天才敢爱他！"

要解密这位不同寻常的女人，莫斯科和巴黎是两条指导线和两把基本钥匙。革命、流亡和回到苏联，划出了内心剧烈活动的几个阶段。她激动、叛逆和不容忍的天性，不停地与周围的形式主义、庸俗与不正义发生冲突，不论在俄罗斯还是在法国。

在1934年发表的短篇小说《魔鬼》中，她提到自己的童年，七岁时已被词语的魔力吸引。

同一年她的流亡生活愈来愈窘迫，人处于悲哀的孤独中，发表了另一部关于童年的短篇小说《母亲与音乐》。在书里回忆她的诗歌天赋的萌芽。出于孝心和顺从，女孩屈服于音乐家母亲的愿望，她要女儿刻苦学习钢琴技术，梦想看到她全心全意献给音乐工作。只是这个个性极强的女人早逝（那时玛丽娜十四岁），才停止这种强迫性的学习。在纯粹的音乐性与词语的音乐性之间的界限是很微妙的。在声音的宇宙里诗人的诞生可以自然完成，因为音乐需要一个艰难的学习过程，而诗歌自然而然得之于上帝的恩宠。这位女诗人是典型的俄罗斯人，藐视现实，创造属于自己的世界。

她的青春年代也同样受到另一位亲法者的影响，诗人马克西米里·伏洛钦，标准的美学家，研究西方文学的大学者。

玛丽娜自己是这样说他的:“……他生命力旺盛,得到女人的爱情,得到男人的友谊。他同时是个主动寻找朋友、约会和命运的人。这主要还是在于他乐于助人。他的一生可用三个词来概括:魔力、神话与神秘主义。”(然而这三个词同样适用于玛丽娜身上。)

他作为诗人,作品中闪烁天才的亮点,他也是位别具一格的哲学家,突出的记者。他还会神奇地充分挖掘人的潜能。这是个天生的教育家,一个完美的业师。也像谢尔盖·佳吉列夫,把人作为他的工具。

1917年,伏洛钦离开俄罗斯首都,正式定居在俄罗斯南部黑海岸边自家庄园里。在那些动乱的年代,这个地方既是个避风港,也是作家的集结地,不但有玛丽娜,还有奥西普·曼特斯唐,天才诗人,后来死在斯大林集中营里;玛丽亚·杜维维埃,法俄双语女诗人,未来的库达切瓦伯爵夫人,未来的罗曼·罗兰夫人;伊里亚·爱伦堡,诗人,解冻时期的领唱者;索菲娅·帕诺克,俄罗斯抒情女诗人。多少灵魂与多少名字汇集在黑海岸边?

伏洛钦面对时代的悲剧,愿意超越在纷争之外。当时的氛围非常特殊,一切过分行为与任何形式友谊都是可以接受的。如果说玛丽娜受她的一位女同学启蒙懂得了爱情,她也在那里遇到了她未来的丈夫。

是一见钟情吗?很难说,因为她把这个怕羞的青年看成是“兄弟”。此外,他们的婚姻好几年也有名无实。玛丽亚·杜维维埃,在这段恋情初起时便在一旁,向我确认说这对夫妇的力量来自玛丽娜。“她漂亮吗?不,她充满热情。她有才吗?不止这个,她是个天才,”

我的对话者在蒙帕那斯大道的公寓里对我说。

玛丽娜确实有过许多外遇，经常时间不长，有时胡来，总是令人难以忍受。

要不是事态的发展改变了每个人手里的牌，这对夫妻之间的冲突无疑是不可避免的。布尔什维克在1917年夺权成功加强了压力，玛丽娜催促丈夫去参加白军。

在革命的风暴中，她又"拒绝顺从任何规则"，平生第一次面临生活的艰苦。她的名教授父亲已经过世，他们的许多朋友都去了国外，丈夫的信渐趋稀少，从前线来的消息日益令人担忧。沉睡的街上一片寂静，三三两两的路人不慌不忙走过，目光茫然，表情严肃，衣衫褴褛。马车已经看不见了，电车很少。房屋坍塌，到了夜里，邻居搬了门板和地板木条放到炉子里烧。玛丽娜的房屋就是这样拆毁了一部分。

玛丽娜变成了效忠沙皇的白军拥护者，发表了诗集《天鹅之歌》：

天鹅在哪里？
天鹅飞走了。
乌鸦呢？
乌鸦留了下来……

这首诗寥寥几句，概括了布尔什维克上台后紧张的俄罗斯局势。

流亡的钟声敲响了。靠了几位文学朋友帮忙，得到捷克政府的一份奖学金，她带了女儿离开莫斯科。

布拉格是一部书籍-城市，书页内有“那么多东西要阅读，要遐想，要理解”，城内有三个民族（捷克、日耳曼、犹太）。据布勒东的说法，布拉格是欧洲的神奇城市，尤其是鬼魂的苗圃、妖术的竞技场、魔法的源泉，这是一口陷阱，当它用迷雾、巫术、毒气弥漫的天空把你逮住时，再也不会放过你，原谅你。“布拉格这个老巫婆，千娇百媚把你迷倒后再也醒不过来。”尼采在《瞧这个人》中说：“当我寻找一个词来表达音乐是什么，我找到的总只是威尼斯这个词。我对自己说，我要寻找另一个词来表达神秘是什么，我只找到布拉格这个词。布拉格的美是模糊的，忧郁的，像一颗彗星，像火的印象；蛇形的，阴险的，像风格主义者的图像变形，四周环绕一个死亡与废墟的光晕，一张鬼脸，显示永久的希望幻灭。”

在玛丽娜悲哀的目光前，掠过波希米亚的风景，带着它的小城堡和在斯美塔那作品中永垂不朽的汹涌的伏尔塔瓦河。在布拉格，卡萨诺瓦当过图书管理员，莫扎特写出他的《唐璜》；玛丽娜在这座有两千年历史的古城，建于14世纪的“新区”弯弯曲曲街道上走来走去。那时她想到了莱纳尔·玛丽亚·里尔克的话：“我亲爱的母亲布拉格，我认识它直至心里。我在心里总找到最大的秘密，你看吧，有那么多的秘密藏在那些老房子里。那里有老房子。那里有老礼拜堂，主啊，那里聚集了多少奇珍异物！圣像与明灯，箱柜满满的——我不是胡说——满满的都是金子。老礼拜堂，地下道，一直通到城下很远的地方——可能还到达威尼斯。”

到了以后不久，玛丽娜收到另一位俄罗斯诗人的信，鲍里斯·帕斯捷尔纳克，从前在圣彼得堡照过面。两人都偶然发现了对方的作品。少妇面对鲍里斯的《生活我的姐妹》诗集出神发呆，这次阅读在她心里掀起了“风暴”。

至于帕斯捷尔纳克如何发现玛丽娜，那就让他本人来表述了：“当我在莫斯科买了一部薄薄的诗集时，她已在 1922 年春天去国外了。这个形式中包含的抒情力量立即把我征服；有血有肉，亲身体会，这不是贫血无力的，而是紧凑，扎实，从不气促……藏在这背后的是一种神秘的亲缘，可能是我们受到过共同的影响，或者我们的性格形成的条件一致。……我给她写了一封信寄到布拉格，满纸是钦佩与惊愕之情，竟会那么久错失了她，那么晚才发现她。”

就这样开始了他们之间一段奇异的感情通讯关系。

他们两人属于同一社会阶层。鲍里斯家庭体现俄罗斯小说里经常描写的知识分子典型。父亲是世界闻名的画家，托尔斯泰与里尔克的朋友。母亲是钢琴师。男孩的生活跟玛丽娜一样，家里时有即兴组织的音乐会，大人常在白夜里谈论音乐、诗歌、绘画，直至黎明。

他当然学习欧洲的主要语言，尤其是法语。作曲家斯克里亚宾是他家的朋友，鼓励他，他就倾向于选择音乐的道路，虽然诗歌已经缠绵他的心灵。但是帕斯捷尔纳克夫妇把儿子送往国外深造。鲍里斯考入法律系，后来选读哲学，通过博士考试。马尔堡大学的新康德派对他的影响是毋庸置疑的。那座幽美的城市历来都是诗歌灵感的源泉。鲍里斯沉浸于《圣经》阅读中。稍后，给一位法国女朋友的信中，他强调基督教义是他接近生活的主要基础。他爱读《圣经》的篇章，背诵许多他欣赏其诗意的诗篇。他的看法极具个性，因为他把大自然尊颂为不朽的。这也是与玛丽娜另一个相同点……

那时期，他明白自己应该做诗人，其外什么都不是。这个天职是由神的意志在前世就注定的。他的父亲说："不管怎么做，就是揍他一顿，也无法使他脱离艺术家的命运。"他的看法跟俄罗斯风行的革命潮流也是有区别的。

鲍里斯的外表引起不同的感情。对于一部分人来说，他的面孔像马脸，充满肉欲的嘴唇；对另一部分人，尤其是女人，他具有不同一般的诱惑力。他最后的爱情奥尔加·伊文斯卡娅怀着无条件的热情描述他："他的贵族式鼻子，曲线美丽纤巧，对他这张长脸是太短了些。从粗大的牙床骨来看，他是个顽固、有血性、当领袖的人。他接吻让人立刻感到自己的嘴巴被他青铜般的嘴唇磕伤。他的脸上肤色棕黄发亮，是健康人的那种深色。他的眼睛是琥珀色的，像老鹰，他全身散发迷人高雅的魅力。"

可是介绍这位诗人的任何肖像画都是不够完整的。他的面孔总是透露一种内心的光泽。正如秋天采摘的俄罗斯苹果却要藏至冬初品尝才够味道，帕斯捷尔纳克也是要等到壮年，在他的著名小说《日瓦戈医生》发表以后，才完全被人公认为创造者，是个人物。

但是再来写我的叙述。整个1924年，我们的主角玛丽娜由前线的一位同志转交，收到了丈夫的几条消息。她没命地爱上了这个小伙子。尼娜·贝贝洛娃提到她时带有一定程度的轻蔑："在布拉格，她给人的印象是她这个人尽管有自己的问题，还是知道应付不幸。

可以说她不作自我分析,她也出于心理上的不成熟没有意识到她的适应能力。这种不适应的思想感情,不是强烈表示一种优越性,相反的不妨说是一种心理挫折上和生存问题上的信号;说明这个人没有达到成熟,也无法融入他生活的时代和社会。”

那么在这种情况下她是不是孤独呢?人生变幻含有那么多的悲剧,这需要超人的适应能力。玛丽娜每次都深信这是一次真正的爱情故事,带了她的情人去欣赏布拉格的红屋顶,老城区的高塔钟楼,圣尼古拉斯教堂的绿色影子和穹顶。当她还深信不疑时,她的伙伴已对她热情如火、异想天开的性格感到厌烦了。这场爱情才两个星期就结束了。可是九个月后,在 1925 年,她在巴黎生下了一个男孩子。他在第二次世界大战时被杀;只是到了 1998 年世人才知道他的真正血缘关系。

巴黎-莫斯科

目前,女诗人的丈夫谢尔盖·埃夫隆到巴黎跟他的家人汇合。这对夫妇在默东俄罗斯人区内带个小花园的三间套公寓里住下。但是玛丽娜继续在其他地方寻找慰藉。

跟鲍里斯的这种奇异书信来往也暂时满足了她对绝对爱情的追求。她从中不但找到一个避风港,还——荒谬地——得到最高的情欲享受。因为她与青年女子、成熟世故的男人或者甚至无辜的青少年的关系,从来没有给她带来如此激情。玛丽娜向往爱情的过程也是异乎寻常的。

对她来说,爱情中有两个时间,相遇前的时间与分离后的时间。分离比相遇更受她的重视。

“不迁就”,这是她绝不妥协的箴言,在她意味“决不降低身份”或者“不受礼仪的约束”。

巴黎俄罗斯移民社团看不起她的极端浪漫主义,经常嘲笑她。在这个即使不施阴谋也充满敌视与嫉妒的无情世界里,她的不断追求容不容易得到接受呢?青年诗人们朝她施放冷箭,称她“跟我们一样的可怜虫,却摆出一副女沙皇的派头"。

那个时期,鲍里斯在莫斯科艰苦度日。从此以后,有好几十个人共同住在父母的那套大公寓里。苏维埃当局规定,鲍里斯父亲的那个单间工作室归他们全家使用。幸而,帕斯捷尔纳克在布尔什维克上层也有几位朋友。列宁政府里一名要员公共教育人民委员,出面给父亲画家说项,让他得到许可离开去了柏林。诗人有这个机会为什么不陪着父母一起去呢?权倾一时的列夫·托洛茨基本人也曾以出国的机会考验过他的忠诚。但是他决定留下来,因为他快要结婚了……

鲍里斯的父亲从柏林告诉儿子说,里尔克很欣赏他的诗。于是第三人将要进入这场不同凡俗的角力,给这种关系增添一份泛欧化内容。

鲍里斯得到他从十七岁起就崇拜的那个人的认可甚受感动,向里尔克建议加入这场游戏。这样,一位是深受革命风暴之苦的俄罗斯诗人,一位是热爱俄罗斯文化的奥地利天才作家,一位是移居法国鼓吹白军事业的莫斯科女诗人,他们之间书信来往不绝。

每个人都靠了这层关系对生命有了新的依恋。

莱纳尔·玛丽亚·里尔克熟悉俄罗斯人。他做过路·安德烈亚斯·莎乐美的亲密朋友,在她的陪伴下拜访过托尔斯泰。他 1875 年生于布拉格,也在那里度过童年和青少年后期。他青年时的作品具有这座城市的深刻标记,氛围诡秘神异,类似卡夫卡的作品。在《两则布拉格故事》前言中,他是这样写的:"我写这部书是为了重新走近我的青春。因为一切艺术都期望从这座消逝的花园以及它的清香与暗影中丰富自己，重新听到花木簌簌声中的雄辩。”

这座花园也是玛丽娜的花园。里尔克读过普希金和莱蒙托夫，翻译契诃夫的《海鸥》。如果说鲍里斯在这方面提到“相遇的宿命与交往的不可避免的先天性，不取决于感情与欲望”，这也不是偶然的。

他们日复一日在撰写“三地书”这部世界文学杰作。鲍里斯对玛丽娜说：“你是我唯一合法的天和我的妻子。”里尔克则说：“我们怎样接触呢？用翅膀飞。”玛丽娜说得更有力：“我在海边读你的信，海洋与我共读。”

玛丽娜在巴黎感情生活过得很不平常，日常生活则过得很艰难。

“我的丈夫非常压抑，”她写道，“他这人永远需要一个超过他力量的负担。”事实上她的丈夫已经很脆弱，不久前失去编辑工作。没有这份唯一的微薄收入，他必须借债度日，在菜场上买点——最便宜的——马肉和捡些东西。

那时候，嘉拉·达利看到玛丽娜黄蜡般的面色大吃一惊。她的活力全失。“我累得连感觉也没有了。感觉也需要力气的。”可是她在想象中又恢复了精力。她给一位女朋友写信说：“我要一个鲍里斯的儿子，他通过我活在他身上。如果这事做不成，我一生的意义就没有完成。”

但是，在鲍里斯这一方，从那时起似乎有其他事要操心。斯大林不接受他的个人主义，他担心害怕，作品也愈来愈少发表，不得不做些翻译工作。他是真正一贫如洗，甚至拿不出东西养家糊口。

家庭问题难以应付,苏联的气氛把他摧垮,鲍里斯接着就不再写信给玛丽娜。

她于是转向里尔克:“亲爱的莱纳尔,鲍里斯不再给我写信了。他在最后一封信里跟我说:‘一切不是我内心的意愿是你的,带着你的名字。’莱纳尔,一切人际关系是一座岛屿,把我永远埋在里面——头、皮肤、头发。莱纳尔,今年冬天,我们应该在瑞士附近法国萨瓦的什么地方见个面……某个你从来没去过的地方(这个‘从来没有’存在吗?我怀疑)。在一个小城市,莱纳尔。或者今年秋天,莱纳尔。或者春天。说可以吧,就为了从今天开始,让我心里怀着一种极大的喜悦,那是我有了为之转过目光(还是转过身?)的什么东西。

“因为时间很晚了,我很累了,我把你抱在怀里……”

然而玛丽娜知道里尔克病得很重,她还是要超越现实,抗拒老年、疾病和贫困。她不是这样写的么:“是的,里尔克跟鲍里斯说起的女诗人,就是我。我是他最后的俄罗斯快乐——他最后的俄罗斯,他最后的友谊。”

至于里尔克本人,心里不再存幻想;这已经太晚了,他的日子屈指可数。但是玛丽娜不管怎样要把生命灌注给他:“你离我愈远,在我身内愈深。”此外,她承认:“我对你的爱揉碎成了日子,成了字母,成了钟点,成了一行行字。”“莱纳尔,夜色降临,我爱你。一列火车号叫。火车是狼,狼是俄罗斯。这不是火车——这是全俄罗斯在我身后号叫。不要对我发脾气,不管发不发脾气,今夜我跟你睡觉。黑暗中有一条裂缝,因为有星星,我把它关上了,那扇窗户。(当我想到你,我想到的是一扇窗户,不是一张床。)眼睛睁得很大,因为外面比里面还黑暗。床是一条船,我们乘了去旅行。"

或是还有:"莱纳尔,我要什么你都可以说是——这永远不会是大不了的事。莱纳尔,当我对你说:我是你的俄罗斯,我只是(又一次)在对你说我爱你。爱情是以例外、隔绝、排斥而生存的,爱情以文字而活,以事实而死。我太聪明了,不会真正愿意是你的整个俄罗斯!这是说话的方式。爱的方式!"

里尔克在这个1926年,没过几个月就逝世了,生前不曾遇见过她。

她把自己最美丽的言辞作为祭文献给朋友。她给鲍里斯寄去了一些片断。她在文内质疑阴险的肉体世界,把它与"灵魂世界"相对立,否认人们通常所谓的"肉体世界"的爱情。

"爱情憎恨诗人,"她写道。又在另一封信里:"我不明白这个样的肉体,我不认可它有任何权利。"她不是也给里尔克同样写道:"我不生活在我的嘴唇上,吻我的人在我身边走过。"不,对她来说,"语言的投入"才是"精神的相见"。

她向鲍里斯提出这样的看法:"共同生活只有在另一个世界才是可能的:鲍里斯,鲍里斯,我们可以幸福,在莫斯科,在魏玛,在布拉格,在这个尘世,尤其在另一个我们心里已很完整的世界。你无休止地出走——我是这样看到的——通过你的眼睛把我从下到上观看。你的人生通往世上所有的道路……到我家来吧……我们将会和谐一致。"

可是这八年，从1923年到1931年，玛丽娜自己就是避免跟鲍里斯相遇。俄罗斯诗人1926年还是在魏玛等待过她的来临。但是她就是没去。这一次，她神志清醒，宣称："我要避免一场全面的灾难。"这句话不但表达她害怕失望，还害怕叫帕斯捷尔纳克失望。（玛丽娜还暗示她知道内中曲折的帕斯捷尔纳克婚姻生活。）

那时期，玛丽娜的丈夫瞒着她变成了斯大林秘密警察的合作者。他还相信自由行动。他生了病，在上萨瓦的一家俄罗斯疗养院接受治疗。丈夫的亲苏新思想使玛丽娜的处境更趋复杂，她一下子被逐出巴黎的白俄圈子。被亲友排斥，被老朋友看不起，被同伴生着气指指戳戳，玛丽娜又垮了下来。

"这是个踽踽独行的女囚犯，"诗人马雅可夫斯基提到她时说。他来巴黎主持一场诗歌晚会，会上玛丽娜还是为红色诗人说好话。从伏尔泰咖啡馆出来，有人问她："您听了马雅可夫斯基的发言对俄罗斯有什么看法？""力量是在那一边，"她简洁地回答。可是马雅可夫斯基却攻击她"掩盖在灰尘表面下的茨冈抒情主义"。但是他提到她时也这样说过："她的单纯是有目共睹的。如果什么高尚的东西使她燃烧，激起她的热忱，大家猜想她会挺身而出，随时舍弃一切偏见或特权，这点与我很接近。"

这应该说的是她开始讨厌流亡文学的象征人物布宁，相比之下，她宁可选择从那时已成为苏维埃作家的高尔基（这又是新的丑闻内容）。

莱纳尔已死，鲍里斯退出，玛丽娜又找上了一条"小犬"总算振作起来。尼古拉斯十八岁,莫斯科旧市政官的儿子。他是诗人,比她的女儿大两岁……牧歌唱了一年。冬天时他们常常步行到凡尔赛。但是夏季到了,尼古拉斯没有去大西洋海边找玛丽娜。他已经爱上了跟他同龄的女孩。她再度流连于法国的乡野风光和她喜爱的布列塔尼,每天带了孩子去海滩,孩子手里捧了沙往下漏时,母亲在哭。

在那时,鲍里斯对自己的诗人生存状态与感情生活也在做总结。他追求个性自由,被苏联批评界认为是个思想复杂、不易被大众接受的作家。他希望弥补这种情况,甚至试图参加马雅可夫斯基号召的"集体组织劳动"。鲍里斯尽管对马雅可夫斯基很友好,也对这类浅薄的交往深感失望。可是,在马雅可夫斯基 1930 年 4 月 14 日自杀以后,帕斯捷尔纳克宣布从此一切诗歌都停止存在了。

玛丽娜与鲍里斯还是见了面,那是 1935 年巴黎举行国际作家保卫文化大会场的走廊里。帕斯捷尔纳克在 1935 年 6 月 24 日抵达法国首都,要待上十天。马尔罗,会议的组织者之一,共产党同路人,迎接他又热情又钦佩。玛丽娜给鲍里斯念了几首诗。她后来写道:"这次见面把我留在了一个暧昧的情境中。一个叫我有点困难的情境,因为一切从我的意义来说是权利,对你却成了一种罪恶。"

鲍里斯也有了很大变化。他跟第一个妻子离了婚,又结了婚。此外,他内心吓怕了。他那时不再是个浪漫派。他私下在写《日瓦戈医生》,思考他的个人演变。从此,他的兴趣放在恐怖环境下对命运的无情分析。玛丽娜不是清楚了解鲍里斯在巴黎的态度。她没有意识到他知道自己时时刻刻受监视,吓得惊心吊胆,因为他的家庭还留在苏联当作人质。

他虽然感到玛丽娜有心回俄罗斯,也知道他已不能再像从前那样与她自由自在交谈。我们不要忘记她的丈夫还与斯大林的秘密警察有联系,在法国为国际纵队招募志愿人员。

玛丽娜为什么决心要回苏联呢?她的丈夫带了他们的女儿已经先她回去,肯定这起了决定性作用。但是她也遭受流亡白俄的排斥,山穷水尽,她还有另一种选择吗?

在巴黎待了十六年,她有那么多的作品但只有一部在法国出版。她终生在寻找绝对,后来 1939 年在返回祖国的悲剧中找到了。后来在 1991 年恢复自己历史名字的圣彼得堡,也比任何时候更标志这个激情的象征意义。

玛丽娜在那里,将要碰到一个敌视、无情的世界。她的丈夫尽管与苏联秘密警察有联系,还是遭到逮捕后被枪决了。她又没有生路和朋友,1941 年 8 月 30 日在乌拉尔的一座小镇里自杀。她的女儿在古拉格群岛过了好几年。她的儿子毫不动情地说了这句话作为墓志铭:“她做得对。”

鲍里斯·帕斯捷尔纳克责备自己没有能够拯救她。他在很久以后对她的女儿作出这番表示:“你的母亲给我写的一切,也把我的感情提高和升华了,这是对她的精神作出的高昂尖利的回声,她的精神永远向上高飞,从不回头反顾。”

那时的莫斯科灰不溜秋,她在那里再也见不到昔日圣彼得堡的辉煌。

阿拉贡或中魔

玛丽娜的丈夫只是在巴黎的红色乐队里的一把小提琴。莫斯科已经建立起它的网络,派遣了许多地下使者到法国,负责准备"世界革命"。在20年代,苏联间谍的行动是由有传奇历史色彩的布尔什维克领导的。依靠从工人阶层招来的特工,几年来网络逐渐扩大。后来,斯大林决定整顿系统。他汲取沙皇秘密警察的经验,下令他的情报部门的工作人员从此以后专门在外交身份的掩盖下进行工作。

这段历史的另一位主角,从今以后成为与苏联亲和的象征性人物,他是阿拉贡。

为克里姆林宫服务的著名记者科尔斯托夫写道:"我们在一起吃中饭,在法国有传奇历史的地方散步到很晚。苏联人在这里寻找列宁的遗迹,还有夏里亚宾的回忆。他们还让我跟俄罗斯移民见面,这使我心满意足……"

如果说艾尔莎·特丽奥莱对阿拉贡体现了永久的俄罗斯,她也知道要他明白他介入社会政治可以促成他文学个性的形成。诗人性格流移不定,心情易致不安,她要在政治上使他定型。

爱德蒙特·夏尔-鲁的说法是:“通过艾尔莎,这是俄罗斯……他学习这个俄罗斯的语言是出于嫉妒,要听懂人家对艾尔莎说了些什么。他用不到两个月的时间学习了俄语,因为他受不了人家能对这个女人说一种他听不懂的语言。这是为了向你说明,在他的心中艾尔莎与俄罗斯是混淆到了什么程度。此外,还不止是这个。还有马雅可夫斯基。还有普希金,这是他那个时期的上帝啊!他可以对普希金作品的不可译性谈上几个小时。是这么回事。通过一个女人对思想与生活方式实现不同寻常的控制。或者反过来也可说,通过一个女人看苏联,通过苏联看这个女人。这件事是可以讨论的。但是就是这么一回事……”还可加上这个女人的询问和这位作家的合乎情理的反抗:“艾尔莎有什么可以责备的呢,是因为她被一位美男子爱上了,这叫一个女人不可以原谅?这个男人又对她忠诚,对她崇拜,这可能也是许多人不能容忍的事。”(引自贝尔纳-亨利·莱维《自由的冒险》)

艾尔莎自后也确是愈来愈经常出现在她的诗人身边。每月两次,超现实主义者在蒙帕那斯的酒馆聚会。

“超现实主义的三位一体”是由安德烈·布勒东、保尔·艾吕雅和路易·阿拉贡组成的。导师安德烈·布勒东在两位助手之间巧妙地斡旋,充当仲裁的角色。可是,艾尔莎不甘心路易屈居人下。她毫不顾忌说出心里这句尖刻的话:“你们的布勒东,我觉得这人烦透烦透!”她知道自己在这群男人中间只有敌人,就千方百计要把阿拉贡拉出这个圈子。

马雅可夫斯基的悲剧性死亡，促使阿拉贡在1930年4月去了俄罗斯。艾尔莎本人是死者的朋友，她的姐姐丽丽是诗人的女伴。那样阿拉贡这次去也可以说是去见一见“大姨子”。

四分之一世纪以后，阿拉贡在《未完成小说》中《我们的生活》一章里提到这第一次旅行。阿拉贡从莫斯科偕同艾尔莎·特丽奥莱和乔治·萨杜尔前往乌克兰参加第二届国际革命作家会议。阿拉贡与萨杜尔以超现实主义作家的名义承诺了一些义务。

1933年，阿拉贡写了一则短篇，篇名为《圣俄罗斯》，书中写沙皇从前的一位情妇试图在移居国外时花光自己的财产，她从过去的奢侈生活中还保留下几只波美拉尼亚狐犬和一辆由司机驾驶的豪华轿车。她还有一个不乏神秘魅力的小女儿，眼睛长得像巴黎讷伊区的小男孩，瞧一切都冷嘲热讽，带点儿伤感（这里可以看出其中的自传成分）。在那个1935年6月21日，国际作家保卫文化大会在巴黎互助宫召开，这是西方最伟大文化精英的一次光芒四射的大聚会①。

如果说这次会议对外说是在一次自发性创议后召开的，可是莫斯科的密电——今日已解密，提供了会场里精神状态的讯息——暗

---

① 安德烈·纪德、阿列克谢·托尔斯泰、安娜·西格斯、安德烈·马尔罗、贝托尔特·布莱希特、亨利·巴比塞、亨利希·曼、茨维塔耶娃、瓦扬-古久里、让-理查·布洛克、特里斯唐·查拉、路易·阿拉贡。当然，也有许多作家拒绝参加这次力量显示，如萧伯纳、赫伯特·威尔斯、托马斯·曼、乔治·杜亚曼、厄普顿·辛克莱或于勒·罗曼。必须指出，在法国作家的坚持下，已经失宠的帕斯捷尔纳克和艾萨克·巴别尔得到克里姆林宫的同意，参加这次由威利·蒙森伯格、巴比塞、辛克莱和高尔基组织的会议，作为反对帝国主义战争的宣誓大会。蒙森伯格是第三帝国的议员，与共产国际平行的宣传机构的领导人之一。可是促成会议成功的是三人小组：科尔斯托夫（克里姆林宫的意识形态宣传家，尤其是财政支持者）、阿拉贡和艾尔莎。

中提到会议应该采纳的决议。

1936年7月西班牙战争开始，阿拉贡把时间和精力都贡献给了共和派西班牙的援助工作上。第二年，他当上《今晚报》的主编。忙碌的工作使他没有心思写作。然而他抽出时间跟艾尔莎翻译马雅可夫斯基的作品。1937年，她给姐姐丽丽写信说："我的翻译极其明确，然后总是由阿拉贡修改，他足够理解俄语。你可以想象他现在俄语说得很不错了。这有意思极了。"1938年，艾尔莎·特丽奥莱的作品要在苏联出版遇到困难，她失望之余决心用法语写作。《你好，泰蕾丝》一稿先用俄语写，再用法语复写。以后事件的发展使她跟俄语的隔绝几乎长达十年。当她在1945年与姐姐丽丽恢复通讯后的第一封信中："俄语我说不来也写不来了，请你原谅我，看来九年时间也能让人把母语忘掉！"

1941年6月那一天，苏联开始掀起反击纳粹大战，以后那些年代的记忆深深留在阿拉贡与艾尔莎的心里。他们总是记得斯大林怎样第一次也是最后一次，用断断续续惊慌失措的声音向俄罗斯人演说，称他们"兄弟姐妹们"……士兵们武器装备极差，开拔扑向斯大林格勒，口中高呼："为了斯大林，为了祖国。"他们脑海中还有列宁格勒九百天围城战和它成千上万饿死的居民，希特勒发表声明，决心要奴役这些"劣等民族"斯拉夫人，杀了两千五百万人……然后，迅雷不及掩耳的反攻，红旗插上帝国议会大厦，最后红场上的胜利游行，在列宁陵墓前把几千面卐字旗扔在斯大林脚下……

直至生命的终点，艾尔莎与阿拉贡也不否定他们对苏联的义务，即使1968年苏联干预捷克促使他们对克里姆林宫保持了距离。不合情理的是,这不是帕斯捷尔纳克1959年在国外出版《日瓦戈医生》遭受迫害一事,也不是索尔仁尼琴的揭露,使这两人的立场有所改变;阿拉贡有一天对我说,努里耶夫的命运要比其他事件对他具有更大的意义。

努里耶夫或勇气

1980年代末期这个时代背景下，我们的法俄故事出现了一个新转折。最著名的不同政见艺术家鲁道尔夫·努里耶夫那时领导巴黎歌剧院芭蕾舞团。他像以前的佳吉列夫一样来自俄罗斯，然而是20世纪后期最伟大的舞蹈家之一。他像尼金斯基，通过舞蹈与编舞，开拓芭蕾成了有血有肉的艺术而确立自己的地位。他像马辛，懂得依靠磁铁般的台风，弥补技术上的不足。他像里法尔，领导巴黎歌剧院芭蕾舞团，贴演俄罗斯传统编舞剧目。

努里耶夫深信他来到这个世界时的情境决定了他不同凡俗的命运。他诞生在一辆列车上，列车正要驶入东西伯利亚，坐落在深林莽原中央的一个小荒村。这些情境的凑合，对舞蹈家来说自有一种重要的象征意义。他对我说："由于这个原因，我成了流浪汉，但也得益于西伯利亚人的坚强性格。"他五岁时第一次观看芭蕾演出——显然取自法国的脚本。舞台上苍白的月光照着辛德蕾拉（灰姑娘）的宫殿，子夜钟敲十二下，最英俊的那位王子上场。男孩看得那么入迷，立志要当舞蹈家。

在一家艺术爱好者工作室初学芭蕾,1955 年十七岁时,跨过了决定性阶段后突飞猛进。他显露出良好素质,以致教师推荐他去舞蹈学院。他勤奋好学,不久也比预期更早得到报偿。他的剧团前去莫斯科,那里举行舞蹈节。排演才五分钟,一名独舞者受了伤。这样年轻的努里耶夫作为替补完成了一场高难度的独舞。经过这场意外演出的鼓励,他一心要上莫斯科大剧院听最优秀教师讲课。但是也有人恳切劝他去考戏剧学校。他被录取了,然而还是出于实际原因把录取通知退了回去,因为他没有能力住在莫斯科。

他就买了一张单程票去列宁格勒,1955 年 8 月通过基洛夫舞蹈学校的入学考试。对他来说幸运之至,他在那里不但被一位大教授收入门下,还遇见类似佳吉列夫那样的导师亚历山大·普希金(与大诗人普希金同名同姓)。那时候,他去奥地利时终于有机会认识了西方。他的独立不羁的精神继续给他招来批评,甚至警告。

在基洛夫剧院的三个演出季,他扮演了一连串角色,显露他的精湛技术和演员天赋。他是个出类拔萃的舞者,也是个绝顶聪明和意志坚强的青年。当然他也在打算成为一位国际舞星,但是目前他必须克服私心杂念,扮演好苏联艺术家平常在扮演的角色。顺从但决不放弃。这种表面的忠诚保证他们分配到一套像样的公寓,允许他们到国外演出。作为报答,他们必须接受党的监督,时时刻刻要做到"他们的艺术中没有颠覆或颓废的内容"。大家相互凑合做到表面如此,尤其在斯大林逝世以后文化交流——如我们见到的——蓬勃发展。

莫斯科大剧院1954年前往巴黎，基洛夫剧院也有很大的机会随后而去……在这种情景下，鲁道尔夫自然对国外舞蹈剧团很感兴趣，他不但熟悉主要舞蹈家的名字，也知道芭蕾舞团的大部分艺术家的名字。只是对外国人这样感兴趣却不大符合当局的意思，努里耶夫不久注意到基洛夫剧院艺术总监的敌意表示，他认为努里耶夫"骄傲自满，政治上不可靠"。也是在1960年，舞蹈家开始私下学英语。对于他的同事来说，这样学习一门外语自有其特殊意义：无疑从那时起，他的脑海中常有出逃的想法。

努里耶夫早已听说大多数变节者不是间谍，也不是军人，而是艺术家或科学工作者。当局对努里耶夫的敌视态度在这个时期更加严厉，因为他们已经干脆禁止他离开本国。惩罚大大超过"罪行"，其实他不过是对一门外语和法国芭蕾舞团感兴趣而已。

那么，努里耶夫怎么又能在1961年五六月随着他的剧团去巴黎了呢？这项决定完全是由掌握绝对权力的苏联共产党中央委员会说了算。巡回演出的法国组织者一心想要苏联舞蹈界的新星出场，进行再三交涉的结果。

在巴黎，第二夜青年艺术家演出《舞姬》的片断，真正电倒了观众。演出组织者费尔南·伦勃罗索后来跟我说，在加尼埃宫客厅里（巴黎歌剧院）第一次招待会上，努里耶夫周围簇拥着新交的法国青年朋友，如女舞星克莱尔·莫特、青年编舞皮埃尔·拉科特，尤其一位智利裔的富有女继承人克拉拉·圣，她已与文化部长安德烈·马尔罗的儿子订婚，后来她在法俄传奇的这段插曲中扮演关键的角色。

费尔南·伦勃罗索说得很明确,这次巡回演出中出现了两个"努里耶夫"。白天的与黑夜的。白天逛商店和传统的旅游景点。晚上当其他艺术家在他们陪同人员警觉的目光下回到住所时,努里耶夫则表现出完全的独立性,由巴黎公子哥儿陪伴出入时尚的夜店。他才不在乎受到片刻不暇的监视,只逞自己的心意做事。以致莫斯科当局决定不让他继续巡回演出,要先送他回苏联。这个消息只是全团离巴黎时通知他。1961 年 6 月 16 日在布尔歇机场,全团准备登机飞往伦敦,鲁道尔夫从基洛夫舞团艺术总监嘴里听到了这个消息。

"这不可能,"他争辩说,完全惊惶失措了,重复说:"这怎么一回事?"然后,心里涌上求生的本能,他要求陪同人员允许他给克拉拉·圣打电话,得到了批准。他用隐晦的语言让他的朋友明白事态的严重性,她立刻带了两名法国便衣警察赶到布尔歇机场。当这些新来者还离他几米远时,鲁道尔夫站着全身紧张,有一个短暂的发呆动作,这时眼睛闪过一道光。然后像从一只盒子蹦出来的魔鬼,炮弹腾空似的惊人一跳,到了他的同盟者的身后。朋友、官员、摄影师一时傻了眼。这个"向自由的跳跃"引起报刊一片哗然。努里耶夫步鲍里斯·帕斯捷尔纳克的后尘进入了传奇,那位诗人在三年前用他的小说《日瓦戈医生》获得诺贝尔文学奖,也挑战了克里姆林宫。

如同以前佳吉列夫的大舞蹈家,努里耶夫在巴黎成为 20 世纪后半叶最伟大的芭蕾舞星。

他编舞的作品大多数被其他剧团采用,如同以前的里法尔,他也从 1983 年到 1989 年领导巴黎歌剧院芭蕾舞团。

1987年,米哈依尔·戈尔巴乔夫向知识分子发出号召,开始实行透明政治。知识分子以革命前的伦理来为自己重下定义,重新坚持自己的道德责任。不同政见者那时看到自己又得到认可,安德烈·萨哈洛夫被批准离开他的流放地,甚至到巴黎去,政治犯从集中营和精神病院放了出来,亚历山大·索尔仁尼琴恢复名誉,书籍得到出版,像努里耶夫这样的移民允许回到苏联。这却是由一对不同寻常的夫妇个人作出的决定:赖莎与米哈依尔·戈巴尔乔夫。

克里姆林宫的一对亲法夫妇

在苏联,从来没有哪位最高领导人的妻子这样直率地掺入到政权的盛衰更替中。从十月革命以来,虽则政变暴乱的阴谋与企图从未停息过,直到那时以前,女人则一直置身事外。政治局成员对待妻子的箴言是这样的:“你知道得愈少愈好……”

赖莎·戈尔巴乔夫却不一样,总是跟丈夫的生涯密切结合在一起。她鲜明的个性引起强烈的敌意,以致党内的极端分子掀起一场丑化运动。苏联最后一任主席给予他的妻子一个突出的位子,这是回复到18世纪五位女皇统治俄罗斯时期的传统。

这个创举还是他与鲍里斯·叶利钦不和的原因之一,后者在1987年揭露这种女性参政。当时,老百姓很不支持这位“亲法的西方分子”出现在克里姆林宫领袖身边,这个排斥现象既来自男人,也来自女人。

实际上赖莎是怎么一个人呢?大家乐意丑化她,说她直接依靠丈夫的权力待人挑剔苛求。

她主要还是丈夫真正的政治灵感仙子,他的很有权势的顾问。

赖莎与米哈依尔·戈尔巴乔夫愿意摧毁极权政治制度，还是仅仅在努力改善现存秩序上力不从心？

不管怎样，赖莎的个人作用在改变理念方面是决定性的，在俄罗斯给演变打开了一扇门，许多人认为从今以后是不可逆转的。

这对夫妇宣扬女性固有价值。两个人都希望做基于共识、有组织讨论、仲裁决议的领袖，企图这样来改变俄罗斯领导人的暴戾脾性。这个态度不由使我们想起阿纳托尔·勒鲁瓦-博利厄的思考，他在《沙皇帝国》一书中说："在斯拉夫男人与女人之间，在品质或天赋上的交换或干预是并不少见的。如果大家有时可以责备男人有女性的特点，如游移不定、不固执己见、温顺或大惊小怪，那么女人相比之下在性格和精神上也有强悍、坚毅，总之一句话阳刚的一面，这不但没有使她们失去原有的妩媚与魅力，经常还给她们增添一份奇异与不可抗拒的威势。"

赖莎让丈夫接近现代先进的做法，它们不像几世纪以来俄罗斯精神特征中有那么多仇女思想。在他们的私生活中也像公开生活一样，夫妇公开接受不同之点，摒弃统治与被统治的关系。此外他们毫不犹豫强调他们"看重法国文化中的民主传统"。

他们的恋情开始于20世纪50年代初。在莫斯科大学戈尔巴乔夫读法律，赖莎读哲学。他们性格的反差令人难以想象。米哈依尔爱笑，动作自然，是个真正的南方人。他是在乡村一个严谨的农民家庭成长的。虽则热烈思念爱情，当他的大学同学放肆大谈时，他听了会脸红。赖莎来自西伯利亚，父亲是铁路工人，她更为含蓄。在大学生俱乐部，米哈依尔已经好几次注意到这个穿着端庄的女孩子。他目不转睛地注视她长睫毛上闪光融化的雪珠。在图书馆里，她把一部法国哲学史放在膝盖上，低下娇小奇异的头颅，让她的崇拜者看到的是她精致的后颈和正在丰富起来的肩膀曲线。

赖莎美丽、聪敏、有教养，在大学生中间很受欢迎；米哈依尔不得不在她的求爱者中间打开一条路去接近她。这位莫斯科的灰姑娘，一副赌气女孩子的表情，实在不是一个呆板的才女，对一切问题发表斩钉截铁的意见。这显然是一见钟情，戈尔巴乔夫后来说起这件事，“自从见了这个女孩，我感情上不是痛苦就是幸福”。

对她的侍从骑士不断献殷勤，赖莎装作不理不睬，游戏俱在她的掌握之中。他们经常在大学生俱乐部或聚会里见面。她穿得像个成年女性，彩色套衫，普通的鞋子，但是膝盖与腿肚的线条还是个少女。他暗中看她小而圆的头颅往后昂起，盯着她薄薄紧身胸衣下隐约隆起的乳房。赖莎表面冷冰冰的，他自然不能把手放在她的膝盖上，或者手臂挽着她的肩膀，更不敢亲她微张的嘴唇。他们的关系不久遭遇危机也就不足为奇了。这是在隆冬，像冰糖屑似的细雪覆盖在莫斯科人行道的冻土上。赖莎与米哈依尔在回学校宿舍的路上，女孩保持沉默。她在赌气，只用单音节词回答问题，然后用权威的口吻宣布：“我们应该不要再见面了。我跟一个男人分过手，感到很难过。还不如趁早断绝关系。”

米哈依尔相信快要晕过去了。自从遇见她以后，他不能想象自己的生活里没有她。他继续走路不说一句话。

“我们不应该再见面了,”她干巴巴地重复说。

“我会等的,”他只是这样回答。

接着夜里他没有睡好,头脑里不断出现他刚才经过的一幕。第二天,真正的暴风雪降临首都。透过窗子看房屋都像是青白色的。一股不可抗拒的力量推动年轻人前往他们平时的约会地点,面对大学的一个街心花园。他实在是急昏了头,居然没有马上看到赖莎,苗条修长,双手插在口袋里,目光愣愣盯着他。

从此以后,他们不再分开。漫步走在莫斯科大马路上,相互低语最隐秘的思想。他们一切都谈,谈到他们的童年,他们最早的骚动,最近读的书或最近看的戏,但是实际上从不谈论政治:斯大林统治的那个时代,这个问题还是沉默谨慎。五分之一的苏联人为秘密警察工作。他们谈话中经常提到的是法国文学。他们谈莫泊桑、福楼拜,仿佛他们都是自己的同时代人,对巴尔扎克则有明显的偏爱。

一年后他们结了婚。在这以前不久,米哈依尔去打短工,给自己买了第一套西装,给未婚妻买了一条长裙。赖莎还去借了一双薄底浅口白皮鞋来办婚礼。

他们婚后最初几年生活拮据。他们甚至没有钱租个房间成家,大学宿舍是男女分住的……

那时候,赖莎和米哈依强烈希望在生活中找到自己的道路。少妇经历过艰苦的童年。她说:“30 年代初,我的家庭被定为富农。他们的土地与房屋都被剥夺了。我的祖父被控是托派分子,遭逮捕后就消失了,一点踪迹也找不到。我的祖母是因饥饿与失望而死的,她是‘人民之敌’的家属。我妈妈是家庭妇女。一家人都靠父亲，他是铁道系统的职工。我们什么样的房子都住过，住过库房，住过窝棚。”

1955年，戈尔巴乔夫夫妇结束学业，前往俄罗斯南部。在苏联要获得成功有两条康庄大道：克格勃和共产党。赖莎对第一条路是有保留的，因为她的家庭受到政治警察的迫害，于是催促丈夫回到他的出生地斯塔夫罗波尔，他在那里当上了共产主义青年团官员，然后又是共产党官员。他们的生活并不因此有所好转：单位分配的公寓，共产党公务员的平凡地位。偶尔到米哈依尔老家度假，赖莎在他家并不受欢迎。当她第一次去拜见她的婆婆，见面是冷冰冰的。赖莎讨好也无济于事，她们的关系也没有随着时间而有所改善。

俄罗斯的外省差不多到处一个模样：空气凛冽，原始的尖顶小房屋扎堆盖在桥的旁边，青绿带乳白色的河水潺潺流过；每个村子中心千篇一律是国营农场场长的房屋，屋顶上红旗飘扬，室内是斯大林像，后来换了赫鲁晓夫像。戈尔巴乔夫晋升很快。十年工夫他当上了斯塔夫罗波尔模范农业区区委书记，用铁腕治理这个边疆区。赖莎已不怀疑他的前途。这时期她也鸿运高照。在这个区里有一个温泉浴场，以含铁质的矿泉著名。苏联政界第一流人物来这里疗养，最重要的人物有尤里·安德罗波夫，手握大权的克格勃头子。跟这位有权有势的教父第一次接触要回溯到1969年4月。

赖莎善于为这类招待布置适当的环境。她在这座豪华疗养院里引进高加索盛开的花束，在桌子上放几篮水果、本地区的芳香葡萄酒以及当地小礼品。戈尔巴乔夫太太还给安德罗波夫夫妇做博闻强记的导游,她事前对这个地区历史搜索资料预习,届时侃侃而谈,列举那些喜爱高加索的大作家。

高加索在19世纪是浪漫主义者必经之地。法国再一次时常出现在她的会话中,赖莎提到大仲马到这地区的最初几次尝试性旅行。

在那些夜晚,戈尔巴乔夫与安德罗波夫提到为了"改善制度"必须进行改革。克格勃主席不是唯一相中这对夫妇的大人物,共产党头号思想家苏斯洛夫也有此意。他们对于已经僵化的布尔什维克主义的道德性与合法性从来不提出疑问,只谈它的脆弱性与衰退,想方设法给制度注入活力。

戈尔巴乔夫夫妇从此一帆风顺。他们愈来愈经常随同官方代表团往国外访问。这样1977年9月9日,应法国共产党的邀请,这对亲法的夫妇终于乘上莫斯科列车到了巴黎。米哈依尔和赖莎住在巴黎郊区巴赞维尔已故共产党主席莫里斯·多列士的故居里。代表团接到一份传统的旅游行程表:凡尔赛宫、卢浮宫、罗丹博物馆、新开放的蓬皮杜中心。然后他们在戛纳过了两星期,参观地中海地区。

法国共产党员已经发现一些苗头,这位政治官员的言论与其他人不一样,颇具特色。的确,站在特罗加代罗广场前地凝望首都全景时,未来的苏联主席对给他们当导游的法国共产党政治局的年轻委员皮埃尔·朱凯说:"你们不愿意像我们那么做是很对的……"

这次逗留加强了这对夫妇对法国的兴趣。

第二年,他们强有力的保护者安德罗波夫,让他年轻的爱将坐上苏联共产党中央委员会书记位子,负责农业。戈尔巴乔夫从此进入了苏联最高权力机关。他们在莫斯科定居下来，生活方式也改变了。他们享受职务带来的各种特权：豪华“食堂”，大商店特供柜台，“克里姆林宫配给制”，用半价买第一流食品，定制的服装和礼物，公务房，乡村别墅，勤务人员，高级干部专用病房，度假村等等。还不要忘记一辆大轿车，最高档的品牌是黑色大车身的吉尔，令人想起50年代美国高头大马的美女。

赖莎好像达到了顶峰。但是事实上她的地位是低级的，因为她的丈夫是莫斯科大权贵中最年轻的一个。这种从属者地位挫伤了这位有性格的女人。戈尔巴乔夫在他的《回忆录》中也承认：“事实上，她一直没能在‘克里姆林宫夫人’帮里找到自己的位子，也没跟其中任何哪个有亲密的交情，这些夫人会令她感到震惊，这里的气氛充满了傲慢、怀疑、谄媚、放肆。”

大体上来说，这个“夫人”世界也反映了丈夫的等级。1979年3月8日，赖莎作为新上任的中央委员会书记的夫人，参加一次官方招待会。按照惯例，领导人夫人都列队站在客厅入口处欢迎外国来宾。赖莎没有想到次序随便一站。这犯了克里姆林宫的礼仪大忌，有一个女人①粗暴地指着她说：“您的位子在那边，这排的最后一个！”

赖莎私下能够对这位夫人预言了什么，这是很容易想象的……

赖莎也会怀念南方的阳光，她在那个地区是强有力人物的一呼

① 基里兰科夫人，丈夫是有影响的政治决策人，勃列日涅夫时代第三号人物。戈尔巴乔夫夫妇等待适当时机来跟他们算账，这个时机不久就来了。当米哈依将要成为苏联国家第一号人物，基里兰科不久就下台。但是当时还是要进行博弈。

百应的妻子。因为，尽管丈夫正式升了官，他在莫斯科的影响——奇异地——很受限制。这样那些年，他们没有可能在私下见到他们的保护人安德罗波夫。

1980 年年底，戈尔巴乔夫当上了政治局委员这一高级职位，同时也分配到一幢豪华的乡村别墅，在安德罗波夫的乡村别墅旁边。到了夏天，戈尔巴乔夫给他的教父打电话，邀请他吃中饭。他说："像从前那样的好时光。"

"是的，"安德罗波夫回答说，"以前这是好时光。但是今天，米哈依，我不得不谢绝邀请了。"

"那为什么呢？"

"因为从明天起人家就会开始说闲话。是什么目的？我们说了些什么？我们还在路上时就会有人准备给勃列日涅夫打报告了。我跟你这样说，米哈依尔，主要是为了你的好。"

安德罗波夫一如既往支持戈尔巴乔夫，尤其他在 1982 年继承了勃列日涅夫的职位以后。他还是没有时间把政治局最年轻的委员，他的被保护人推到第一把手位子。那是勃列日涅夫逝世十五个月以后，苏联又埋葬了新的总书记。

在安德罗波夫的葬礼上，官员中只有戈尔巴乔夫夫妇站在遗孀身边。这个亲热的姿态表明这两对夫妇曾是何等接近。此外，安德罗波夫通过妻子让赖莎知道他希望看到米哈依尔接替他。但是克里姆林宫的几位年迈的大佬另有打算。经过四天辩论，总书记一职交给康斯坦丁·契尔年科，七十三岁，勃列日涅夫的酒友与第一朝臣，外号叫他的“开酒师”。美国总统罗纳尔·里根很扫兴，看到苏联领导人“死不完的死”。确实，契尔年科登上大位后十三个月也轮到死了。从此，也不再有变通的办法了。

戈尔巴乔夫夫妇这时走进了舞台的聚光灯下。

1985 年 3 月 10 日，那个夜晚非常长。赖莎守夜等着丈夫归来。将近凌晨四点钟，她看到他们的住宅门前一长列大轿车停下。看到戈尔巴乔夫的护卫得到加强，她明白大局已定。他刚被选为苏联第一号人物，是由外交部长葛罗米柯推荐的，他介绍说他是个“和和气气的人，但是有一副钢铁牙齿”。

那个夜里，米哈依尔和赖莎尽管疲劳还是讨论。这次谈话是制订改革战略的前奏。这对夫妇用一句话来说明：“我们不能再这样生活……”

从坐上位子的最初几天起，赖莎就有征服巴黎的雄心壮志。因而她的首选工作是走出苏联国境线。在这些访问中，她用自己的方法重现 18 世纪文学沙龙的氛围。她选择随从人员，都是些学者、作家、画家和演员。从大学青年时代以来，这对夫妇就受知识分子和莫斯科波希米亚人的吸引。赖莎没有时间在家里招待她偏爱的这些对话者，就在国外访问期间组织沙龙；那时的气氛较为随意轻松，也让戈尔巴乔夫得到一些关于他的国家形势的客观消息。

1985 年 10 月，在准备第一次正式访问法国之际，她又去了莫斯科普希金博物馆里的印象派展厅，重读法国作家如弗朗索瓦·莫里亚克和埃尔韦·巴赞的作品。当时大使馆在她的行程中安排参观塞夫勒瓷器厂,她不同意,宁可换上毕加索博物馆。赖莎很注重细节,向说法语的记者了解巴黎生活中的新趋势。她同样打听达尼埃尔·密特朗夫人如何穿衣。

俄罗斯外交官从来不为一位领导人妻子花费那么多精力。我还记得克里姆林宫新主人与妻子来到巴黎的情境。伴随他们的代表团共九十七人,不包括记者。三十四名克格勃官员专门负责安全。在他们中间有专门归赖莎调拨的人员:一名女仆,一名穿衣师,二名厨师和两名总管,由一名克格勃将军领导。到达以前,克里姆林宫关照大使馆,苏联第一夫人不希望太多人伴随,尤其"女随从人数要限制"。

起初,赖莎要改变已经制订的行程,叫法国和俄罗斯警卫都很惊慌。蒙帕那斯的丁香园是白俄喜爱的餐厅之一,那次经过门前时,赖莎让那辆总统专车604停下,向达尼埃尔·密特朗建议跟她进去喝一杯。那些保镖对她说在这个地方安全不能保证,赖莎冷冷地说:"正因为没人等着我们的地方我们才更安全呢。"

苏联第一夫人的另一个主动建议是去时装公司参观时装模特演出。她的来访让皮尔·卡丹和伊夫·圣罗兰感到荣幸。皮尔·卡丹已在苏联开设公司,圣罗兰的设计室恰在戈尔巴乔夫下榻的玛丽尼府对面。她趁机谈妥伊夫·圣罗兰在莫斯科办展览,神情轻松地跟时装大师进行讨论。

"'鸦片'是我偏爱的香水,我很喜欢黑色,"她向她的主人承认,

“您认为它还会继续流行吗?”

“是的,会永远流行下去,”时装大师回答。

“下一个季节您还会推出短裙吗?”

“我主张短的也主张长的,这要看情况……”

“您的意思是这要看腿,不是吗?”

“可以这么说……”

“一个女人体重应该多少公斤才适合穿您的服装?”

“那是她愈瘦愈好。”

“那样的话,我是早该溜之大吉了!”

赖莎也很幽默,因为她毫不犹豫地说明她的三围尺寸相当于时装大师的服装尺寸吧:86—70—89。

戈尔巴乔夫夫人神色坚定地向西方人指出,女人关在家里过日子的时代已经一去不复返了。

戈尔巴乔夫夫妇与密特朗夫妇说话也很投机。密特朗后来对我说他只是被一个问题“卡”住了:共产主义制度怎么会培养出这些开放与有魅力的人才?随着一年年过去,他们之间真正产生了友谊。苏联第一夫人甚至还向法国总统夫人讨教。“我在这个行当中是个新手,”她回想起来说,带着顽皮的笑容,穿一套雅致的黑白横条子真丝套装。可能这种声气相投使得赖莎做事任性,差不多要引起外交纠纷。我记得他们第二次访问巴黎,正值法国大革命二百周年。密特朗在比埃弗路的私宅里设家宴招待戈尔巴乔夫。赖莎一天劳顿下来累了,非常随便地要求丈夫在最后时刻退约算了。米哈依尔听了这种失礼行为吓了一跳，煞费苦心跟妻子进行激烈谈判，终于说服她参加宴席。在他们的对话中有一些超现实主义的东西，就像一位反叛的妻子与一个听话的丈夫吵架。1991 年 10 月，戈尔巴乔夫夫妇在拉歇受到接待。赖莎非常欣赏早餐吃的蜂蜜，达尼埃尔·密特朗提出送她几箱子蜜蜂养在她乡下的房屋里。赖莎举手向着天，朝丈夫转过身去：

"我们为什么不要求放弃国家乡村别墅，哪怕换来一小块土地也好啊！"

"我们自己什么也没有，"她向达尼埃尔·密特朗又说，"连放蜂箱的地方也没有！"

这倒是真的，那时，即使赖莎外事访问时，习惯带了一起去的靠垫也是属于国家的。

外交官知道这些习惯，可是他们真正要操心的事却是发生在女性统治的国家里。从 1984 年起，戈巴尔乔夫与撒切尔夫人之间建立了基于相互同情基础上的关系。铁娘子不无得意地说："我们可以跟这个男人打交道。"

当戈尔巴乔夫 1985 年底对英国进行正式访问，玛格丽特·撒切尔为摄影记者安排了苏联第一号人物出现在她家阳台的镜头。令她大吃一惊的是看到赖莎双臂捧了一大束花过来，不管三七二十一把它放到了她的怀抱里。这样第二天，所有报刊登载的照片上，这对夫妇旁边站着撒切尔夫人，面孔遮在一大把鲜花后面。

这对主席夫妇在位六年多。戈尔巴乔夫在 1991 年 12 月随着苏联的瓦解而下台。那时开始了一个新人生(见附录四)。

戈尔巴乔夫出外旅行,尤其他在法国做讲座时,赖莎陪伴丈夫身边。

戈尔巴乔夫夫妇在国外一直很受尊重,也知道在俄罗斯街上有人责备他们打倒了虚假的偶像和粉碎了伟大的梦想。1999 年 9 月 20 日这对恩爱夫妻遭到了厄运,赖莎患白血病不治,静静地躺在丈夫的怀抱中死去。俄罗斯人在戈尔巴乔夫夫人死后才对她的态度有了改变。从此以后(如同《莫斯科新闻》报道的),"她变成了俄罗斯的一个骄傲"。赖莎的名字留在历史上。离开人世以前,她最后一次见到巴黎熟悉的氛围。在卢浮宫,她的目光落在法国外省纹章上一块釉色木雕华盖,喃喃说:"我们杀死了专制妖魔……"然后,她两眼凄楚,看着大门在她身后关上,三角楣上是怪兽异类。

戈尔巴乔夫在克里姆林宫的继承者对法国文化甚少兴趣。叶利钦一家注意法国的房地产,他们在昂蒂布角置有一幢华丽的住宅。至于当任的俄罗斯总统弗拉迪米尔·普京,他是个出名的坚定亲德派,无疑是由于他精通德语。

米哈依尔·戈尔巴乔夫一直住在俄罗斯首都,今日这座城市比任何时候都亮丽。豪华大酒店镶木镏金,富丽堂皇。法国人可以在普希金咖啡馆喝一杯巧克力;大厨师殷勤周到,大时装师提了最新设计送货上门。专卖店里用欧元标价。新贵们钻入他们的大轿车,手机贴在耳朵上放不下来;他们的妻子与孩子穿定制的服装。他们等待着进入法俄爱情故事中的新篇章,试图找回昔日的荣华……

今天，当然——在一个受美国影响的世界上——英语好似占了上风。但是在东欧，法语传统依然很活跃。对欧洲前途的一个保证，那是去寻求一个更为平衡的世界。

附录一　屠格涅夫与托尔斯泰在巴黎

将近 1855 年,屠格涅夫与另一位当时还不闻名的作家列夫·托尔斯泰做了朋友。屠格涅夫写道:“我渐渐形成了这样的想法,现今在我们中间没有比列夫·托尔斯泰更道德的人。他由于内心诚实而表现英勇,不管什么情况下,他在一种意外、英勇的形式下面对这份诚实。”崇尚英勇、奋力追求道德、对人对己毫不妥协,这是托尔斯泰与屠格涅夫最大的区别。

同样使他们有差异的: 一个是教条主义精神,一个是随和自由精神。屠格涅夫在给托尔斯泰的一封回信中,谈到他们对法国的看法清楚地表达了这点:“显然,您的内心正朝着好的方面酝酿巨大的变化,……您平静下来,您清理自己,尤其您摆脱您原有的信念与偏见。朝左看与朝右看完全一样令人愉悦,没有死胡同,到处有‘前景’,只要睁开眼睛就好! 上帝会让您的地平线每天扩大! 只是抓住体系不放的人不会掌握全部真理,要的只是抓住真理的尾巴;体系像是真理的尾巴,但是真理却像是一只壁虎;它让您双手抓住尾巴,还会逃跑,知道它很快又会长上一条新尾巴! ……”

他信末的语调友好和忧郁，承认他对波丽娜·维亚尔多的爱情："我比任何时候，比世上任何人都爱她。"

1856年9月，他又给他写信："除了文学兴趣以外，我们还是太少接触。您的生活扑向未来，我的生活建立在过去。我跟着您是不可能的，您也不可能跟着我。如果要我们中间有一人羡慕另一人，那肯定不会是您。我们永远不会按照卢梭的想法做朋友，但是我们两人都会爱上彼此，见对方成功会感到幸福；当您平静下来，内心的骚动减轻以后，我可以肯定那时我们会欢乐地、自由地握手，就像我在圣彼得堡第一次见到您时一样。"

"我很爱您这个人，但是您的有些事令我反感，我觉得远离您更为自在。当我们分开时，我心中涌起一种对父辈的感情，甚至感到温情。一句话，我爱您……"

1857年1月21日，后来开辟了俄罗斯小说新道路的托尔斯泰第一次来到巴黎时，这两位作家的关系就是上述这个样。托尔斯泰批评法国社会的唯物主义与个人主义，提倡乡村生活的简朴品德——俄罗斯文明的主要源泉。他以前是个生活放浪糜烂的青年贵族，出发到高加索和克里米亚打仗，带回来对战争的憎恶，对人性产生浓厚的兴趣（见《塞瓦斯托波尔故事》）。在国外待了两年后，他定居在亚斯纳亚·波利亚纳的家族大庄园里，开办一个乡村学校，借以改进农民的命运。他在知识分子圈子里感到不自在，就在家庭内部寻求精神安慰。那时，他还没有写出《战争与和平》（1869）和《安娜·卡列尼娜》（1877）。

在巴黎，他先下榻默里斯酒店，后来住进里沃利路的一套家庭式公寓，这样成了屠格涅夫和维亚尔多一家的邻居，他们住206号。

就在他到达的那一天，他们一起去参加歌剧院的舞会。“真正的疯狂”，托尔斯泰在他的《日记》中写道。屠格涅夫并不灰心，还是让他发现巴黎生活的五花八门。托尔斯泰在法兰西喜剧院看了莫里哀的戏剧《附庸风雅的女人》和《吝啬鬼》，称赞“了不起”，对《假想的病人》也同样评价。读了巴尔扎克之后惊叹：“横空出世的天才！”然而他讨厌拉辛：“一无是处！”“拉辛的戏剧，欧洲诗歌的伤疤，感谢上帝，这东西在我们这里不存在，也永远不会存在！”他在《日记》中写道。他参观卢浮宫、巴黎圣母院、证券交易所（他觉得可怖），还去游艺场、巴黎意大利滑稽剧院；在国家图书馆阅读；再度进卢浮宫，参观凡尔赛宫（“我觉得自己才疏学浅”），再与屠格涅夫和“好几位院士”在一个“小、狭窄和愚蠢的文学沙龙里”就餐。

他被索邦大学吸引，还上了几堂拉丁文学课。他参观克吕尼博物馆，然后在屠格涅夫陪同下到外省短暂旅行。他们访问枫丹白露及其城堡和森林以后到了第戎。到了那里叫屠格涅夫大吃一惊，托尔斯泰关在一个冰冷的旅店房间里勤奋写作。但是由于“他们对法国的看法”引起了争执，使他们立即回巴黎。

然后，4月16日，发生一件“大事”：清晨，他到拉罗凯特广场观看一个叫弗朗索瓦·里修的处决场面。是什么怪念头使他上那儿去的呢？同一天，他写道：

“今天早晨，我愚蠢和残忍，竟去看一场死刑处决……我在战争中、在高加索看到过许多暴行，但是要是让一个人在我面前切成碎片，那么看到这台设计完美漂亮的机器把一个强壮健康的人在一秒钟内解决，还是不那么令人恶心。在第一种情况下，没有推理的意志，但是是一种人类情欲的极端表现；在第二种情况下，一种发挥细致的平静，在杀害中追求舒服，绝无豪情可说……还有这个可怕的人群！……人间法律，天大的笑话！国家是一场阴谋，不但要剥削公民，更重要的是要公民堕落……我明白道德与宗教的法律，这对谁都不是强迫的，但是促动进步，带来一个和谐的未来；我觉得艺术的法律，永远使人幸福；但是，政治的法律对我来说是一个弥天大谎……以致我决不让自己在任何方面为政府效力。"

几天前，他参观完了荣军院和拿破仑墓之后已写过："把一个罪人奉若神明，这太可怕了。"

他忽冷忽热的脾气也没有放过屠格涅夫，屠格涅夫在他的潜意识中是与法兰西的形象相连的。到了巴黎才一周，托尔斯泰就认为他"虚荣与褊狭"。然而同一天，屠格涅夫在给一位朋友的信中强调，托尔斯泰"智慧远远超出常人许多"，他"坦诚地说，是我们文学的唯一希望"。托尔斯泰的评论变得更加前后矛盾。一会儿屠格涅夫在他看来"滞重讨厌"，一会他觉得屠格涅夫"令人愉悦、善良软弱得可怕"；一会儿他又责备他"什么都不信仰，不懂得爱，但只会爱爱情，又从来没有真正爱过谁"，是一个"冷淡又无用的坏"男人；一会儿又反过来怜悯他，欣赏他用情专深，在他看来这毁了他的一生："可怜的屠格涅夫身体上病得很厉害，精神上病得更厉害。他说到他与维亚尔多夫人的不幸私情①。"

屠格涅夫爱法国,托尔斯泰对"法国现象"经常有过敏反应。"一方面他缺乏从容自若,另一方面他内心也没有青春朝气,这使我不知如何对待他。但是若成为一个杰出的人,我将是第一个欣赏他,欢呼他……远远地。当新酒酿造完成,这将是供奉诸神的琼浆玉液了。"(引自屠格涅夫1857年3月21日致P.阿纳科夫的信)

处决使他内心很乱;第三天,托尔斯泰突然离开巴黎前往日内瓦,还是跟屠格涅夫道了别:"离开他时我流泪了,不知道是对什么流泪。我很喜欢他。他有什么使我,今后还会继续使我变成了另一个人。"

在火车旅行后,他看到广垠清澈的天空中浑圆的月亮,感到宁静:"我满心是爱与喜悦。很久很久以来第一次,我又诚挚地感谢上帝允许我活在世上。"

他从日内瓦寄出的第一封信是写给屠格涅夫的:"亲爱的伊凡,我要给您至少写上几句话,整个旅途上我苦苦地想您。昨天晚上八点钟,我离开这个乏味的列车换上马车,我在前座有一个位子,可以看到大路和月光,感觉大路上的声音与气味,从这时起,我的悲哀与痛苦即刻一扫而光,随之变成您所熟悉的这种沉静与流动的欢愉。

---

① 但是,奇怪的是托尔斯泰也说过他完全钦佩屠格涅夫及其智慧,虽则他躲避他,宣称"跟他相交与做他的朋友是不可能的"。屠格涅夫在这方面说过几乎一模一样的话,"跟托尔斯泰心连心"是不可能的。"他这人的结构是太不一样了。我爱的东西他都不爱,反之也是。我与他一起觉得不自在,他与我在一起肯定也是这样。"

我离开这座所多玛淫城。为了上天的爱，您也离开到别处去吧，但是不要乘火车！旅行乘火车，等于要爱情去找妓院，这同样方便，同样也是缺乏人性的机械与无生命的单调。我过了一个美妙的春夜，月光如水，独自坐在马车的座位上，一路向瑞士而去。到了日内瓦，我没有找到我托尔斯泰家的堂姐妹。我整晚独自呆在旅店里，望着湖光月色……"

"我收到托尔斯泰写得最出色的一封信，他在信里把巴黎比作所多玛和蛾摩拉①……"屠格涅夫给阿纳科夫写信说。"巴黎丝毫不适合他的道德结构，这是肯定的；他是一位怪人，我还从来没见过他这样的人，也做不到对他完全了解。这是诗人、加尔文派、狂热分子和"老爷"——俄罗斯农民这样称呼他们的主人——的混合物。他有什么令人想起卢梭，但比卢梭更诚实，一个有高度道德但同时不讨人喜欢的人。"这些特征非常说明托尔斯泰的深刻内心，同时也解释了他们面对法国时常发生的摩擦。

事实也是如此，时而是"加尔文主义者"，时而是"老爷"在托尔斯泰内心占上风，他也就不时会变得叫人恼火、发恨，甚至厌恶，或者入迷。

屠格涅夫后来说："托尔斯泰是个大好人，我爱他，但是美学，这在我眼里是毫无价值的东西，他看得比什么都重要，这叫我感到讨

---

① 所多玛(Sodom)和蛾摩拉(Gomorrah)为《旧约·创世记》中记载的摩押平原五城中的两个。由于居民作恶淫乱，被神毁灭。

厌。"那时候,托尔斯泰刚过三十岁。虽然已有过几部成功的文学作品,还是不知道自己真正是怎样一个人,把一生奉献给什么。他已经开始写《哥萨克》,这后来成为他的一部杰作。屠格涅夫热情明白,决不会看走了眼。他写信对他说:"走您自己的路。"

这样的关系超出两位作家——一位是道地的俄罗斯人,另一位是西方主义者——的个人争论。他们关于法国文明的争论在今天还在我们中间继续……

附录二　萨杜尔上尉的大骗局

1918年2月16日,法国技术代表团离开俄罗斯参谋部,宁可转向德国人而不愿继续在布尔什维克制度下工作。苏维埃政府那时命令驻芬兰的军队全面撤退,试图保卫彼得格勒。至于托洛茨基,他那时是外交人民委员,不知所措。他原来相信德国人在停战协定签字以后不会进攻。

萨杜尔上尉始终处于事件的风口浪尖,在2月20日出人意料地来拜访他,试图连哄带骗抬高外交喊价。法国军官利用性格暴烈的红色委员垂头丧气之际,试图操纵他。

这是胆大妄为的骗局。他自作主张,没有上司指示,就让布尔什维克相信了协约国准备帮助苏维埃政权!

这件真伪莫辨的事意味一切重新开局,非同小可,托洛茨基一开始表示怀疑,回答说:"让法国大使用书面文件确认这份新建议。"

萨杜尔答应第二天给回音,去见他的上级领导。在他呈送法国当局的报告里,自然不敢承认这桩骗局;更糟的是他还颠倒黑白,交换角色;他说是托洛茨基要求法国提供军事援助。

萨杜尔为什么冒险设这样的骗局呢？在那时候，他还没有被共产主义意识形态完全迷惑。相反的，他一直是个自大狂，在这决定性时刻，努力要“在眼前展现的历史剧中做个真正的演员”，把俄罗斯拉入协约国的轨道上，给德国人造成创伤。

在这个谎话连篇的上尉催促下，法国大使给托洛茨基打电话，怂恿他加强抵制德国，答应法国将会给予军事和财政支持。22 日，托洛茨基还是由萨杜尔从中转达，要求法国当局发一份照会。照会在十六点钟交给他。尼塞尔将军建议用焦土政策延迟德国人的前进，逮捕所有不在押的战俘，监控彼得格勒、莫斯科和摩尔曼斯克的铁路线。军队应该在俄罗斯中部重建，必须获得日本的援助，它是唯一可在最短时间内进行干预的强国。法国将军最后保证，他将指挥他属下的所有军官为布尔什维克政府效力！

22 日晚上，托洛茨基凭借这份“法国照会”，向苏维埃政府宣布法国军事代表团“以法国和英国的名义”提出的建议。（这次名声显赫的人民委员——别忘了他是第一届苏维埃政府里最有影响力的人物——自己也在虚张声势了，因为没有人对他说到英国。）

事实上，一周以来，英国驻莫斯科总领事布鲁斯·洛克哈特在 1917 年 8 月底召回，在 1918 年 2 月又作为非正式官员回来，在可能的援助问题上并没有得到伦敦方面任何答复。

在苏维埃最高机关布尔什维克党中央委员会上，对“法国建议”的讨论引起一场真正的地震，其高潮就是托洛茨基辞去外交人民委员职务。

这些从来不存在的建议引起了多少激烈反应。托洛茨基说从“机会主义角度”和不承担义务地来审查这个建议。结果是六票赞成,五票反对,列宁没有出席,用书面要求投票赞成“从英法帝国主义强盗那里收下土豆和武器”。

2月25日上午,托洛茨基打电话给萨杜尔,请他“赶急”来看他。同一天,德国人的和平新条件传来了,比托洛茨基几天前拒绝的条件还要严厉:俄罗斯必须离开波罗的海领土,立即让军队复员,从芬兰和乌克兰撤退军队。(苏联人有四十八小时时间回答,三天时间签约。)

十六点,法国军事代表团团长来看托洛茨基,宣布说:“我以军事技术人员身份来的,不是别的。我们两人都有共同的敌人:德国佬,我们某些目标也是相同的。我们可以共同协作来达到这些目标。”

他因为不抱幻想也就不大诚恳。他写给国防部的报告中再三重复说:“在俄罗斯没有人愿意打仗。军官与士兵都不想打。资产阶级、财政界、工业界、军官看到德国人的行动都难以掩饰喜悦,这会给这个动乱的国家带来秩序。”当天晚上,布尔什维克党中央委员会在争论激烈的会议上七票赞成,四票反对,四票弃权,通过动议立即接受德国的最后通牒。托洛茨基投弃权票,这位前外交人民委员,放弃和平代表团中的职位与位子,2月24日出发到布列斯特-立托夫斯克跟德国人进行谈判。看到这个情况,尼塞尔将军以为托洛茨基在耍他,把大使和军事代表团留在国内,至少“可以撑个门面,即使没有得到正式承认,至少也是个政府”。但是两天后,他获知外交人民委员倒是真正希望跟德国人继续干下去的。

德国人一路推进没有遇到抵抗。他们已经到了离彼得格勒二百五十公里的地方，协约国代表和法国军事代表团成员在那里准备撤退。驻彼得格勒的西方国家大使离开涅瓦河岸朝俄罗斯中部沃洛格达而去。另有人在法国大使率领之下试图从芬兰抵达瑞典跟他们会合。

巴黎在他的怂恿下，决定选择跟列宁的政府断交。3月29日，法国大使自告奋勇要带领外国代表与苏维埃政权逐渐断绝来往。1918年，在布列斯特-立托夫斯克单独和平条约签字后，在巴黎的俄罗斯移民的情境变得真正困难了。画家马勒芙娜在回忆中提到一件有意义的插曲，她在瓦文路，中央市场的一个女商人呼唤她："又一个抢吃我们孩子面包的肮脏俄罗斯人！现在我们认清了这些俄罗斯人！十足的混蛋！胆小鬼！叛徒！……"

巴黎工人起初欢欣鼓舞迎接十月革命，现在说："布尔什维克是出卖给德国的小人，""俄罗斯人都是懦夫。"维克多·塞尔日在《一位革命者回忆录》中说："我在小餐厅打开一张俄语报，差点给人揍了一顿。"他自己在几个月后被送进了萨尔特的一个集中营，在那里他见到一群革命者，然后又回到苏维埃的俄罗斯。

以下是皮埃尔·帕斯卡对努伦的看法："大使说到几位同盟者……我们明白其中有困难……我们重视的是意向……他提到令人振奋的情景，我们士兵的勇气……他说到战后前景，由战争产生的憎恨，即使一旦刀枪入库，我们要枕戈待旦……这人谎话连篇。"

皮埃尔·帕斯卡,是法国局势混乱的见证人,在1918年3月21日写道:“三四天前,托洛茨基与尼塞尔将军在彼得格勒大吵了一场。今天早晨,托洛茨基的信,由萨杜尔代书,要求提供四十位法国军官创立一支新军队。我给巴黎和尼塞尔把信译成密码。到处传出惊人消息。今天就是这个。四点钟,另有一封电报,是对大使的宏伟计划的回音,关于协约国对阿尔汉格尔斯克和摩尔曼斯克的占领方式,一个师的登陆方式:建议不要征求苏维埃政府的同意,但是刻不容缓立即行动;在结论中预见到如果现在进行登陆,代表团将被驱逐。五点钟,又给我一封加密电报,提出留下建立新军队的军官名单。我不懂这项政策,一边听写这份占领计划与预防措施一边哭。我被密码和不理解在俄罗斯该怎么办,弄得困思懵懂;在那里事关人类的命运……

“3月22日。托洛茨基提出一项创建红军的规划。萨杜尔做工作要他接受日本的干预,同时我们的政府准备登陆和占领俄国:这对托洛茨基和萨杜尔都一字不提。俄罗斯人民也一无所知。”

但是到了1918年4~5月,已真相大白。法国宣布向苏维埃俄罗斯开战。

另一位法国代表路易·德·罗比央,法国大使馆随员,在日记中写道:“沃洛格达,1918年4月28日星期日。吕贝萨克乘坐一辆豪华的客厅列车到了莫斯科,那个车厢以前大约是那位大公的列车中的一节。他约在两个月前擅自占用了,乘上它在全俄国的铁路线中招摇。他执迷于红军,相信有什么事可以做……

“他这人撒谎成性,也真弄不清楚他说的跟想的是否一致……要不就是想方设法取得托洛茨基的好感后,他受了他的魅力的吸引,这是蛇的迷惑。根据他的说法,红军在许多地方跟德国人作战,他们若得到支援,会叫我们的敌人感到严重不安。勒内·马尔尚一直很易激动,我看到时也是如此,也抱有相同的幻想。”

法国秘密部门的机构是相当复杂的:吕贝萨克和《费加罗报》特派记者马尔尚跟海军中校亨利·德·韦泰蒙“密切合作”一起在干。巴黎任命韦泰蒙为法国驻莫斯科间谍小组组长,他到了才一个月,已经投身破坏俄罗斯给德国的供应。韦泰蒙跟彼得格勒的拉韦尔涅将军或福帕上尉没有官方关系,但是跟沃洛格达的努伦和莫斯科的法国总领事法朗士·格勒纳有联络,准备支持捷克军团的起义,后来皮埃尔·帕斯卡接到命令就近去观察过。

1918年春天,一场针对布尔什维克政府的全面进攻正在酝酿。当捷克军团在西伯利亚反对布尔什维克的斗争中继续大肆掠夺时,白军在顿河取得胜利。日本军队在远东符拉迪沃斯托克登陆后,法国、英国和美国准备干预。法国大使在这一切方面穿针引线,煽风点火。

6月初,骰子已经掷出。伦敦与巴黎采纳了在西伯利亚进行干预的计划,努伦大使决定去见莫斯科法国社团,落实当地的组织措施。他后来写道:“在莫斯科,我被告知正在酝酿好几起针对苏维埃政权的阴谋。我的处境很微妙。我觉得自己被严密监视,必须避免殃及。总领事格勒纳先生,他在完成自己的任务中非常明智与能干,让勒内·马尔尚先生做我的陪同与翻译。那个时候,这位人物装得对各位人民委员很反感,实际上他很可能对他们已经在尽忠心。”

法国在俄罗斯的秘密机构头子韦泰蒙(代号为亨利),由于其他理由也没有被大使看上。这位海军中校领导的法国间谍小组由六人组成,由巴黎拨出三十万“金”卢布巨款做经费,但是又没有明确规定的任务要完成。努伦抱怨说,“那么多吵吵嚷嚷的人物都在为一件虚假的事表现激动,其实获利的只是他们自己。”

努伦1933年在普隆出版社出版回忆录,书名叫《我在苏俄的大使馆》,书中他否认个人曾参与那时任何反布尔什维克的活动。“后来托洛茨基好似说,他若知道我的所作所为,会立即下令逮捕我。我在那时没有想过去做一桩那么诡秘、那么危险的游戏。”

今日解密的奥塞河滨道(法国外交部所在地)档案,正式否定了他的说法,保存了大使本人下达给总领事和法国军事参赞的指示,“好好进行”反对列宁政府的阴谋。

这个时期,努伦认识了布鲁斯·洛克哈特,他是前英国总领事,已成为著名的伦敦非官方代理人。大使觉得他“开朗、讨人喜欢,给人的印象既聪敏又勇敢”。而洛克哈特则在问自己:“应该选择什么样的解决方案?把宝押在布尔什维克身上,促使它向德国皇帝重新开战,还是继续积极支持白军事业,把布尔什维克制度干掉?”

洛克哈特的境地非常模糊不清。他在人看来是英国政府“非官方”代表,却跟布尔什维克的人进行完全官方的会谈,同时又平行地跟正在准备推翻苏维埃政府的组织有密切接触。虽然跟他的国家的通讯时常中断,却继续收到资助反革命的必要资金。

1918 年初,伦敦好像没有料到布尔什维克与德国人之间存在的联系有那么深,大英帝国几个月后竭尽全力打击列宁。

洛克哈特叫法国大使大吃一惊。法国大使确实曾说过他两面三刀是在加紧推行协约国的政策,现在他判断英国与苏俄的接近是不可能的了。

法国大使怀疑洛克哈特是双重间谍,写道:“……我对他的话只是半信半疑。”

法国在策划推翻布尔什维克一事中的关键作用经常是被掩盖的。然而奥塞河滨道解密的档案也确认洛克哈特是跟法国驻俄秘密部门的头儿串通一起干的。

附录三　来自雪国的爱捷丽仙女

奥尔加·科克赫洛娃是巴黎众多的俄罗斯爱捷丽仙女之一，她们是最伟大的艺术家灵感启发者，犹如嘉拉对于达利、艾吕雅或马克斯·恩斯特，莉迪娅对于马蒂斯，迪娜对于马约，或娜迪娅对于莱歇。

1919年，毕加索已经跟随奥尔加的剧团从佛罗伦萨直至那不勒斯，跟他在罗马认识的这个意大利连接上了，后来又在罗马为《迎客戏》这场芭蕾做最后的修改。这个历程终止后，帕勃罗和奥尔加回到法国，在蒙特鲁日住下。他们在圣诞节订婚。

这个时期，毕加索内心有一种特殊的精神状态，看到这个神色自如的美人，把她当作他最近考验后与世事动荡中的避风港。他是个完全的艺术家，奇怪的是也像在追求平静，希望过上井然有序的生活。奥尔加面孔漂亮，身段完美，来得正是时候。那时这个影响已经反映在他所作的大量肖像画中。装饰脸庞的点彩派手法与好似未完成的身影边缘，这种反差处理得恰到好处。奥尔加影响到艺术家的技术，她也愿意改变他这个人，要他远离夜生活的喧闹和过波希米亚人生活的朋友。可是毕加索在奥尔加到来之前已经在风格上有了一丝改变。第一次世界大战的创伤无疑是这种转变的一个关键因素。在奥尔加这方面,她思乡心切,对他叙述她的俄罗斯、无垠的山河面目全非以及天空中红彤彤的战云时,知道如何吸引他的全部注意力。

俄罗斯正经历着内战的蹂躏。对于奥尔加要的是忘记。所以她在拉博埃西路为他们夫妻建造一个避风港,在那里她整理上下两套复式公寓,让艺术家有活动的空间。到家庭公寓沙龙来的都是围绕在俄罗斯芭蕾舞团四周的人:佳吉列夫,那不用说,还有艾蒂安·德·博蒙伯爵、米西娅·塞尔、埃里克·萨蒂、马纽埃尔·德·法拉、让·科克托。奥尔加与帕勃罗外出很多,频繁参加首场演出、招待会、盛大晚会。但是天才的创作家很难忍受规则的强制约束。奥尔加有意渐渐促使毕加索疏远他最好的艺术家朋友,挑起一个矛盾,开始破坏他们的关系。奥尔加的心始终为芭蕾而跳动,然而毕加索奇怪地不再给芭蕾女演员画像,却转向奥尔加讨厌的题材……如夜生活、爵士乐、斗牛。这番深刻的变化不久也掺入了政治成分。因为那位少妇一直是反布尔什维克的白俄,毕加索与艾吕雅做上了朋友,后来在西班牙内战时他站在共和派一边,促使他更加接近共产党。1935年,两人关系正式决裂。奥尔加回归到她的根源,在舞蹈朋友身边寻求内心的平静。只有达吕路上她与毕加索结婚的那座教堂,还让她回想起她亲爱的俄罗斯和她失去的幸福的芬芳。

附录四　赖莎·戈尔巴乔夫之谜

戈尔巴乔夫在1985年3月11日正式当选为苏联共产党总书记。赖莎已有一段时间在准备当国家第一夫人，打听保卫力量与卫队的组织情况；克里姆林宫的服务人员及其数量、厨师、领班、女仆甚至园丁。

开始了一段可笑的时期，什么都处于未定之天。在那时，戈尔巴乔夫夫人促成丈夫选择主要助手方面起举足轻重的作用，主要是让他们的朋友谢瓦尔纳泽当外交部长，他那时领导邻近斯塔夫罗波尔的格鲁吉亚共和国。此外，赖莎的意见对戈尔巴乔夫总是有决定性意义。这方面的证词是一致的：他习惯上不断地向妻子征询意见。

在1985～1986两年，总统夫人与改革的主要理论家亚历山大·雅科夫列夫建立真正的默契关系。雅科夫列夫是戈尔巴乔夫1983年访问加拿大后把他召回来的。

雅科夫列夫是个特立独行的人，当他负责宣传工作时揭露极右的俄罗斯民族主义者的影响，而被外放到渥太华当大使达十年之久，赖莎鼓励他召集精英学者组成一个智囊团。而亚历山大·雅科夫列夫反过来向戈尔巴乔夫建议给他的女保护人一个官方职位，担任苏联文化基金会主席。虽然赖莎拒绝了这个建议，她还是这个有威望的基金会的鼓动者。戈尔巴乔夫自己也承认，通过妻子主持的网络，他在克格勃控制的渠道以外获得许多宝贵的国外情资讯息。比如说，在 1989 年 11 月柏林墙倒坍前夕，她给他送去了关于德国统一不可避免的客观报道。

亚历山大·雅科夫列夫在 1991 年 8 月 20 日那次谈话中对我说，他有时还同总统夫妇一起起草总统演说文本。他明确地说赖莎总是最后一锤定音。所以说戈尔巴乔夫在《回忆录》中称妻子是"主要的义务顾问"。而且，他受不了人家对她说三道四。1987 年，在一次采访中，美国全国广播公司一位主持人问戈尔巴乔夫：

"当你们晚上回到家里，你们讨不讨论国内政策或政治问题呢？"

"我们什么都讨论，"他回答说。

主持人追问：

"包括最机密的苏联国家事务吗？"

"我们什么都谈，"戈尔巴乔夫也照样回答。

在苏联，只有第一个问题与对这问题的回答才在报刊上公之于众。

这种出格的默契关系在国内引起争论，共产党的极端分子揭露这位政治爱捷丽仙子干预国事的企图。为了败坏她的声誉，还造谣提到她有外遇。赖莎挑战这种宣传，不管风吹浪打继续走自己的道路。

戈尔巴乔夫夫妇结婚已有三十一年。担任最高职责当然改变他们日常的生活。他们那时享用好几处乡村别墅。在他们主要官邸中进行重大的改建工作。造一幢警卫楼,战略联络发电站,直升机停机坪,停车和特殊设施场地。中心房屋还要能够召开秘密的大小会议。还要有医务人员专用房间和一个电影放映厅(赖莎、戈尔巴乔夫明显喜欢法国电影,尤其是安妮·吉拉尔多的电影)。

赖莎选择仆人也有自己一套奇怪的方法。仆人显然来自克格勒第九处,它负责最高特权阶层的保卫工作。她要求看候选者的照片,根据他们的面相来作取舍。她不喜欢胖子,男厨师不用说也不要(然而国外访问时是接受的)。供她使用的三名女厨师、三名女仆、三名女服务员都是瘦瘦的。她们的任务是不但照顾赖莎,也照顾她的女儿和两个外孙女。一犯任何小错误都会被无情地辞退。一名女仆有一天竟有胆量斥责外孙女中的姐姐,立即就被辞退。

总书记日常生活中最小的细节都由他的妻子安排:布置,外出,当然还有他穿的服装。米哈依尔的服装购自巴黎,经常需要小修小改。小修小改有时简直比度身定制一套还麻烦。在妻子警觉的目光下,他也只好准备无休止地试穿而不皱一下眉目。

赖莎在自己的国家里可没有穿得那么引人注目。南希·里根在里根-戈尔巴乔夫第一次首脑会议时发觉这一点:“她穿得很严肃——一条黑裙子,一件白上衣,一条黑领带。我心想这是怎么一回事。这违背她的习惯,跟她从前的衣着不一样,不太像她的风格。我后来获悉这是苏联教师的标准服饰,赖莎穿了这身制服,像个女看守，主要因为这是发回国内让大家看到她在日内瓦首脑会议的唯一照片。”

里根夫人与戈尔巴乔夫夫人之间的对话往往被人转化为实力的较量。每人都要提出自己的看法。南希·里根试图谈毒品、犯罪或虐待儿童问题，赖莎不会忘记向她提到美国政治制度中的弊端。当她要她的对话者注意到美国在自己的领土上从来没有过战争，南希提醒她有南北战争。在那时候，美国第一夫人刚做过一次外科手术，母亲在不久前过世，心境还很乱，她显然不在状态。南希甚至还认为赖莎在利用她的体弱。南希后来抱怨说：“苏联消息灵通，一切都知道。我不能相信她对我几星期来所受的考验会不知道。是我太动感情了吗？我不相信。”当南希请她参观白宫时，赖莎频频向她提问题。

“这是18世纪的烛台吗？杰弗逊还在这里住过吗？还有，白宫是在哪一年建造的？”

有人问赖莎她喜不喜欢住在白宫。有几个美国人对她的回答感到骇然：“这是个官邸。从人性来说，我相信住在一幢普通面积的房子里更为舒适。”

南希在《回忆录》对此反驳说：“这个回答不很得体，尤其由一个从来不曾参观过生活区的人来说。”

“这怎么说呢，”戈尔巴乔夫为自己的妻子开脱，惺惺作态地说，“赖莎是一位哲学家，里根夫人是一名女演员……”

从国外一回来，赖莎要求把拍摄她访问的录像带给她。每个人都注意到在官方仪式时她静静地站在戈尔巴乔夫身边，但是她一发现摄影师，毫不犹豫表现她的活力。经常她不满意人家给她所作的报道。她从不对自己在镜头中怎么样表示看法，但是对于介绍丈夫的方式提出了批评。“米哈依尔的镜头没有拍好，不是从背后就是角度不对。你们选择摄影师没有用心吧？看美国人是怎么拍的！”她对负责与报刊打交道的克格勃官员说。“我们就不能做得那么好吗？”

在1985～1991年之间，戈尔巴乔夫形象不佳。共产党保守派责备赖莎是她丈夫的幕后策划人，把国家引向崩溃。可是1991年8月初，主席夫人还是相信自己的星运好，坚持让米哈依尔去克里米亚度假。

我好几次有机会去福洛斯的乡村别墅，那是戈尔巴乔夫的新度假村。从几世代以来，俄罗斯最高领导选择克里米亚去疗养，再回到克里姆林宫履行职责。戈尔巴乔夫夫妇根据这个传统，完全可以在他们最显赫的前任的一座乡村别墅里住下。但是赖莎更愿意让人重建一座新宫殿，地板都是珍贵木材铺的，墙壁是白色大理石，浴室装饰富丽堂皇，还有一个朝向大海的游泳池。

可是这地方表面并不显眼：烈风掠过裸露的岩石，土地上没有植物的点缀。只有海景好像还可以一看。要征服这个恶劣的自然环境该怎么办呢？为了抵御海涌，用炸药粉碎岩石，几吨土堆在房屋四周，种上稀有树木。还打通一条隧道，装一条自动扶梯，把乡村别墅与海直接相连。

在这幢坚固的建筑物二楼，有一间办公室、卧室和一座餐厅，可以接纳十几人；一个朝向大海的平台，米哈依尔和妻子常在这里饮茶。另有一个平台俯视小山,在梳妆室后面,室内有一尊雕刻精致的大理石女身裸像(赖莎后来命人取走了)。墙壁都用细木护壁板。高高的天花板有一个条状框缘,用编织或用油墨描绘克里米亚的城市。一层楼有一间玻璃花房。从石头台阶,右面的小径通往放映室,左面的小径通往海滩。

1991 年 8 月 18 日,米哈依尔感觉不舒服。他腰部痛得厉害,从莫斯科召来了一位专家阿那托里·列夫医生,以江湖医生手到病除而闻名遐迩。离开首都十天之后,主席在一次爬山时突然神经根炎发作。他不得不由随从扶着走回去。

8 月 15 日星期三,戈尔巴乔夫的一名秘书给大夫打电话,请他立即来福洛斯。医生很懂纪律,坚持要一份书面命令。这是规则。跟克格勃的纪律可不能开玩笑的,尤其是给苏维埃主席看病。但是命令总是不到,在福洛斯大家都沉不住气了:"主席需要您!"又没有人解释为什么他的上级不跟他联系。终于来了一个电话,简短地说:"您可以去了。"

"江湖医生"得不到书面确认,还是乘飞机去了克里米亚。经过几次推拿与理疗,减轻了主席的病痛,不久也可以坐下与起立。没什么严重的,是别了一根筋疼痛万分……

从莫斯科过来的专家对乡村别墅四周采取的严密保安措施感到惊讶。公路上横放着拒马,还停着装甲车。"我想这是因为克里米亚局势紧张,"他向他的一名病人解释说,病人以后又证实说。

医生也注意到许多安全人员不寻常的出现,还窥见外海除了常规的海岸警卫以外，还有三艘军舰。他还觉得自己也受到严密监视。

约定第二天 8 月 18 日做第二次诊治。“江湖先生”跟总统的专职医生协商后，叫人在莫斯科下单买几种福洛斯找不到的药。18 日这个星期日，戈尔巴乔夫躺在推拿台上，对他的“救命恩人”说：“你要怎么做就怎么做，取掉一根神经，一条血管，一条腿都可以。但是明天我必须在莫斯科！”

在打针与理疗后，米哈依尔终于睡着了。在这之前，他满脑子都是在克里姆林宫等待着他的战斗。他想到这些要决定胜负的日子，他为此已经准备了好久，一切将要在 8 月 20 日开始；接着联盟条约签订后的这些日子。就在 8 月 5 日离开首都之前，戈尔巴乔夫向全国确认，各共和国领导人将要跟他一起在一份原则协定上签字，允许这个新联盟代替从十月革命后留下来的已经过时的旧结构。

当然，还存在许多不确定因素，但戈尔巴乔夫跟鲍里斯·叶利钦已达成妥协。经过这个可怕的一年，8 月 20 日在主席的记事册上是一个关键日子。他成了共产党内保守派的人质，第一次接受给共和国更多的行动空间，无疑以此希望摆脱压在他身上的束缚。

条约还没有允许建立改革派期望的联盟关系，但是克里姆林宫的领袖同意缩小自己的权利，下放给周边的共和国。

在 1991 年 8 月 18 日这个星期日，他还是觉得自己掌控全局。不然他怎么会度假呢？

戈尔巴乔夫还是没有排除可能出现反弹。他跟他的顾问切尔尼耶夫，由两名秘书协助，十天以来在起草一份三十二页的研究报告，面对五种不同的剧情。其中一个就是清晰地提到政变的假设。“紧急情况的不同版本”，在文内戈尔巴乔夫用的是“军政府”一词。对他还只是一个课本上的假设，他写道：“这会是一条死胡同、一种社会倒退、国家的死亡。”

这对标志改革政策的夫妇深信自己足够强大去挫败阴谋，继续跨过六年来横卧在他们面前的障碍。以上是官方的说法。那么戈尔巴乔夫自己不曾想到使用非常措施吗？他还只是保守派的人质？或者他感到有必要采取沙皇敕令式的极端做法，使国家重新运转，阻止帝国分崩离析？

戈尔巴乔夫和赖莎没有想过会有政变。“我们想都没想过有军事政变。”主席夫人不相信由她的丈夫寄予信任而上台的人会贸然采取“这样一种冒险行动”。事态的发展说明这对夫妇不明事件真相，生活在一个不切合实际的想象世界，像以前的尼古拉二世沙皇与皇后亚历山德拉。还有他无疑想到他们最终会扭转局势反败为胜，也就不愿意去理解发生的事？……不管怎样，在这个明确的时刻，赖莎表面显得很清醒，然而是有点不可思议的清醒……

早晨四点五十分，戈尔巴乔夫的保护天使梅德韦杰夫将军对他的上司说，从莫斯科来了一小群人，要求立即接见，有要事报告。有许多辆带旋闪灯和无线电天线的车辆，开进乡村别墅的内部领地，车辆中还有不少黑色的吉尔车。除了司机以外，还有许多贴身保镖。戈尔巴乔夫的助手窥见其中有主席办公室主任瓦勒里·鲍尔廷和包括一位将军在内的好几位军人，更是惊讶万分。

戈尔巴乔夫本人也感到意外。即使他肯定没有忘记他的一位顾问在他动身以前的几次警告,他担心苏联会解体,叶利钦会出手不凡解放中部俄罗斯。

“我没有要见谁啊,”克里姆林宫领袖感到奇怪。“是什么事?”

主席的警卫长也不明来意。

“他们是从莫斯科来的,”他解释说,“他们要跟您说话。”

“那么为什么放他们进来了?”

“因为他们有克格勃第九处处长陪着来的,这是规定。”

主席已经明白这事其中有蹊跷。他轮着提起办公室里五部电话的听筒。都打不出去。没一部能用。最强大的核国家的元首与世界失去了联系。内部线路也同样切断,即使住宅的内线也无法接通。“这是末日到了,”戈尔巴乔夫对人说。“我那时被完全孤立了。”

他还不知道的是那部放在钟罩下、“别人连掸灰尘也没有权利”、连接克里姆林宫主人与三军元帅的所谓红色电话也不通了。美国人事实上也发现平时每小时都要进行的系统测试也突然切断了。以上种种说明政变分子已经到了主席住宅的门前。

一刹那,他们那些手握机关枪的武装人员占领了主要位置:入口处的门、汽车库、直升机机场,那里已被两辆卡车阻挡一切起飞与降落。戈尔巴乔夫明白事态严重。他决定关照他的随从,又到房间里去找赖莎。

“正在发生什么重大可怕的事,”他向她说起莫斯科有一群人已经到了时说,“我没有叫谁过来。我要打电话时,电话线都切断了。”

赖莎明白切断电话线往好里说是隔离，往坏里说是逮捕，反正都是阴谋。虽然她听了这条消息很震惊，还是没有失去镇静，对丈夫说：

“不管发生什么，我站在你一边。”

政变分子派出的特使小组一过中午就乘了一架图 134 飞机离开莫斯科，毫无阻碍地越过克里米亚的树木覆盖的小丘陵后，停落在塞瓦斯托波尔附近的空军基地。苏联军队司令雅佐夫将军在离克里姆林宫三十公里的一个军事基地上，下令把一架军用飞机交给代表团使用。去跟戈尔巴乔夫接触的这项决定是在星期日上午作出的。五人接受任务去说服主席让步。

米哈依尔显然最没有料到的，竟会是他的办公室主任瓦勒里·鲍尔廷来完成这项背信弃义的任务。他是戈尔巴乔夫从 1990 年以来的心腹，赖莎的好友，他是除赖莎之外可以随时随刻、不用预约进入他的克里姆林宫办公室的人。他像火车头那么可靠，守纪律，对于上级的话奉若神明，鲍尔廷是党的典型官僚，不是一个妖魔。他只是个机器人，体现了制度下的人什么都能干，即使军事政变也行。另一人无疑更为可怕。他是克格勃将军，有权有势的第九处处长，主要负责国家领导人的近身保卫，伊乌里·普列克哈诺夫以残酷无情闻名。一段时间以来，他竟被赖莎当作了一名杂佣使用。戈尔巴乔夫无论在什么官方场合上出现，决不会看不到这个人微驼的身影从暗处出现。后来，叶利钦的警卫科尔贾科夫将军解释说，普列克哈诺夫是因憎恨赖莎而背叛的：“她叫这个老人搬走克里姆林宫里巨大的青铜灯！”个人恩怨偶尔也会影响历史的进程……

主席夫妇很清楚苏联已处于深渊边缘，但是两人内心深信不疑，政变者提出的解决办法又将使国家陷入血雨腥风之中。主席在任何情况下决不希望使用这些曾使几十、几百万人失去生命的解决方法。“这将是一个叛变，肯定会血流成河，尸骨堆山！”

戈尔巴乔夫踏上政途以来，一直愿意改革国家，不急不躁，以和平方式，而现在有人要求主席带头进行一场反民主、反宪法的政变。这是委员会的代表前来寻求主席对他们的支持。即使为了哄骗西方，他们也还需要他。这是孤注一掷，不是为戈尔巴乔夫，而是为了戈尔巴乔夫主义的理念。无疑是由于这个理由，令政变分子大为诧异的是主席拒绝跨出这最后一步，采取行动跟他们结盟。

委员会特使遇到戈尔巴乔夫毫不妥协。至少这是当时克里姆林宫主人表现的姿态，这也不能够排除有人对他与政治官僚的关系的深层实质所作的披露。

当委员会的特使离开主席办公室时，赖莎待在大厅里。那时已快晚上六点钟。

她懵了，冷冷地盯着丈夫的办公室主任。十五年来他们关系密切。鲍尔廷差不多被看成是一家人，戈尔巴乔夫夫妇即使最私密的事也对他一片信任。可是后来，赖莎为了撇清他们与委员会委员的关系，作出声明：“在这些政变分子中间，没有人会让我对他们说出自己心底的想法。报刊上对此所作的相反报道说的都是谎言。”

当特使离开住宅后，赖莎到办公室找丈夫。他手里拿了一张记事本纸，上面他用蓝色毡笔写上委员会委员的名字。他叫来了女儿和女婿，向妻子与孩子解释形势。

“如果有人质疑实质问题，也就是我的政策，我会站在自己的立场上坚持到底。我不会向任何讹诈与压力屈服。绝不会撤回已经作出的决定。”

不管发生什么，米哈依尔要求他的家庭按照他的指示去做。

首先，主席和他的亲信遭到软禁。通往住宅的公路封锁，克格勃军队包围福洛斯。幸好，他的三十二名警卫依然对他们忠心耿耿。当主席接见委员会特使时，从莫斯科过来的保镖对那些忠于克里姆林宫的同行曾经有过粗暴的传话，其中一位说：“我们关心的是避免挑衅，别让人家相信主席是在一场枪战中丧命的。”

戈尔巴乔夫家庭组织起来在“受监视的”住宅氛围中过日子。在主席乡村别墅领地内的气候是奇异的。米哈依尔、他的妻子与孩子是囚犯。但是这几个羁押人员享有特权。他们的卫队依然忠心不渝，这点政变分子不是不知道，批准他们继续保卫工作。这三十二位保卫人员日以继夜，带着卡式冲锋枪、手枪和无线电，占领乡村别墅的战略要点。当随着政变代表团而来的士兵要惊扰戈尔巴乔夫忠诚的顾问切尔尼耶夫，警卫队员还是有足够分量做到让他平平安安地要往哪里散步就往哪里散步。这也算是政变力量与主席力量之间这种超现实主义的共处？还是在莫斯科的政变首领有过指令，着眼未来，也可以让戈尔巴乔夫有回旋的余地？如果政变成功，他作为保守派阵营的人质待上一年多以后，可能变成一个乖乖的傀儡，最后可能也会加入紧急状态委员会。在莫斯科,某些议员不排斥这样的假设,然而,这不符合赖莎的态度;她在当时形势下是担任了抵抗部长。

日子已经过去好几年,至今还是有人在问:戈尔巴乔夫能够不这样做吗?他可以——比如说——手执机枪尝试登上自己的飞机;也就是说像智利阿伦德总统那样抵抗,成为传奇故事。但是对于赖莎,这样做法是不会接受的。根据从福洛斯泄漏过来的证词,她最关心的是米哈依尔的生命,她孩子与自己的生命。她甚至害怕被毒死。她深信政变分子什么都干得出来,她拒绝乡村别墅的常用厨师准备的伙食,1991 年 8 月 18 日晚间以后用一辆特殊车子送过来的食品。

赖莎再也睡不着觉。布置在福洛斯四周的武装力量也确实让人印象深刻。她的身边人证明她在 18 ~ 19 日夜里看到锚地将近有十六艘战舰,其中一艘潜水艇。戈尔巴乔夫一家决定露脸。既然他们已经与世隔绝,他们要尝试发出一些信号,发给与主席乡村别墅相连的中央委员会疗养院度假村里的度假者。鲍里斯·叶利钦本人也给黑海岸边好几家特权阶层度假酒店发了几封电报,他在电报里要求那里的医生跟戈尔巴乔夫接触,确定他真实的健康状况。

"我们走出住地朝海边走去,"赖莎说,"只有一个目的,让尽可能多的人可以看到主席身体健康。看到我们的人愈多,真相就愈难掩盖。"

米哈依和赖莎经常出现在平台上。总是为了让人看到,也是为了说话。那些贴身保镖了解窃听制度,不会不在这里装上几个窃听器,劝主席夫妇有话出去说。赖莎对窃听监视是模糊的,还凭空想出几个外逃或至少与外界接触的策划。获得她信任的守护天使劝她别干，明确说海洋一边已遭封锁，陆地一边监视那么严密，即使爬也爬不过去。

然而主席夫人还是试图寻找破绽。不久后，在两方商定后，戈尔巴乔夫夫妇同意不做任何会危及自己生命的事。他们的孙辈好像对家庭受监视的状况不太难忍受。但是大孙女，当保镖告诉她不要让小妹妹到海边去，开始真的担心了起来。她看到卡式机枪害怕，就留在房间里陪妹妹，房间里放了一台电视机。那些保卫人员七拼八凑装上了天线可以收节目。

戈尔巴乔夫夫妇决定在海滩上开会商量。这样在 19 日晚上，将近六点钟，主席带了全家人去了海边。克格勃人员正用双筒望远镜观察他们的"囚犯"；为了遮人耳目，一家人游泳，玩牌，好像在度假。赖莎要求主席的顾问跟着她与丈夫走进一间小屋。一躲开众人视线，她从记事册上撕下几页纸，从手提包里取出一支笔，让两个男人面对面。戈尔巴乔夫于是向他的顾问（他的兄弟，他以后这样称他）口述他要提出的几点要求。

"1. 我要你们马上给我恢复政府电话线。2. 我要你们立即给我派来主席专机把我送回莫斯科。"

米哈依尔·戈尔巴乔夫这样做是要给看守人员制造难题。他确切知道他的一言一行都会立即汇报给在莫斯科的紧急情况委员会总部。主席的要求转达给盖纳拉洛夫将军。这样每天早晚他要人家给他恢复电话线，让他回到首都。他同样要发布官方声明，否认他的健康状况欠佳。

这时候,从莫斯科来的江湖医生失踪了。他被禁止回到主席的乡村别墅。在19~20日夜里,将近凌晨三点钟,戈尔巴乔夫夫妇决定在绝密情况下录制一盘录像带告诉全世界。他们的女婿做录音师。录下好几盘密纹录像带。主席在录像中穿了羊毛套衫,敞领衬衫,两臂交叉,面有倦容,眼圈发黑。从目光与表情看来他正在忍受重大的考验:“我身体健康。雅纳耶夫同志所公布的一切都是纯粹的谎言。这是对国家的犯罪行为。雅纳耶夫阵营决定执行主席的任务是反宪法的。我要求召开议员大会。”

有一盘带子成功送出,质量差,还夹有杂音。在拘留第二个晚上录制的这份秘密呼吁里,戈尔巴乔夫不但要表明他身体很好,打乱了政变分子,还要——这对未来可是重要的——提供一份具体的证据,说明他拒绝跟军政府“合作”,不管政变分子在接受反国家案庭审时提出什么样的说法。戈尔巴乔夫利用好几条渠道送出他的声明。赖莎给的指示非常严格。有一盘录像带卷在透明胶带里交给了主席的女助手。

女秘书把带子掖在短裤内,毫无阻碍地越过警卫的岗哨。她一到莫斯科,按照任务要求把带子交给了与戈尔巴乔夫接近的一位社论编辑的妻子。

当然,政变分子已经到达,但是鲍里斯·叶利钦的朋友更早闯进了乡村别墅。赖莎已令人难认。左臂扭弯,手痉挛,一动不动,神色慌张。没有人搀扶已不能走路。只是上了带她去莫斯科的飞机后才恢复了一点力气。这个压力前后对她都是可怕的,因为她在丈夫身边扮演了不可忽视的角色。这个她知道,政变分子也不是不知道。他们当然要她对戈尔巴乔夫的行为怎么说也要负部分责任。

从肉体上说,她是政变的受害者。她无疑相信克格勃的打手会做出更狠毒的事情来。她是不是真的想过她会遭到齐奥塞斯库的命运?像有人报道的,经过草率审判就被处决了。显然没有。她从一开始便意识到这是一场“极端分子”发动的军事暴动,不是一场“民主的”革命,而是新斯大林主义的保守行动。当然,罗马尼亚事件显示出共产党与布加勒斯特秘密部门的作用是绝不模糊的。与罗马尼亚独裁者妻子的命运作比较也站不住脚。事实上,军政府掌权——赖莎认为——可能导致她的丈夫“消灭”,或许更可能的假设是让他把命保住,但是用特殊剂量的针药让他变成“傻子”,赖莎知道以前对付制度的反对者与不同政见者有过先例……

那一天,她显出更像一头被追逐的野兽,面对正在上演的一出戏毫无把握。六年间呼风唤雨,一旦遇到这样的精神创伤确实难以忍受。

年表

1019～1054：贤人雅罗斯拉夫大公在基辅登位。

1051：基辅的安娜嫁给法国亨利一世国王。

1052：她的儿子菲力浦一世出生。

1054：基督教教会大分裂：拉丁教会与希腊教会断绝关系。

1060～1062：基辅的安娜摄政。

1062：1060 年丈夫故世，安娜又嫁给瓦罗亚的拉乌尔。

1067（1075？）：基辅的安娜逝世。

1223：（印度）卡尔卡河战役，俄罗斯军队被鞑靼人打败。

1237～1241：鞑靼人入侵俄罗斯。

1325～1340：莫斯科公爵伊凡一世在莫斯科即位（自 1328 年起当弗拉基米尔大公）。

1326：首都从弗拉基米尔迁往莫斯科。

1353～1359：伊凡二世在位。

1359～1389：季米特里·斯科伊（顿河的）在位。

1380：俄罗斯人在库利科沃平原打败鞑靼人。

1382：鞑靼人重新入侵。

1389～1425：瓦西里一世在位。

1462～1505：伊凡三世在位。

1480：鞑靼人的苛政结束。

1485～1495：建造克里姆林宫围墙和塔楼。

1505～1533：瓦西里三世在位。

1533～1584：伊凡四世（世称伊凡雷帝）在位。1547 年加冕称沙皇。

1552：俄罗斯征服喀山汗国。

1564：莫斯科印刷第一部书。

1581：哥萨克人叶尔马克远征西伯利亚。

1584～1598：费多尔·伊凡诺维奇在位。

1587：跟法国订贸易协定。

1589：在莫斯科设立主教管辖区。

1598：征服西伯利亚汗国。

1598～1605：鲍里斯·戈东诺夫在位。

1605～1606：假季米特里一世在位。5 月，莫斯科人起义反对波兰人；假季米特里被杀。

1606～1610：瓦西里·舒伊斯基在位。

1611：波兰人入侵莫斯科。3 月 19 日，发生反波兰人的起义。9～10 月，库兹玛·米宁率领民间武装解放莫斯科。10 月 26 日收复克里姆林宫。

1613 ~ 1621：2 月：米哈依尔·罗曼诺夫当选为沙皇。米哈依尔·罗曼诺夫在位。俄罗斯与波兰战争。

1645 ~ 1675：阿列克谢·米克哈依诺维奇在位。

1676 ~ 1682：费多尔·阿列克谢维奇在位。

1682 ~ 1689：索菲娅·阿列克谢芙娜在位。

1689 ~ 1725：彼得大帝在位。

1698：射击军兵变。

1702：12 月 6 日莫斯科发行第一份报纸。

1703：圣彼得堡建城。

1705：俄罗斯实行义务兵役制，建立第一支正规军。

1709：6 月 27 日，俄罗斯军队在波尔塔瓦战胜瑞典军队。

1711：5 ~ 6 月：彼得一世出征普鲁士。

1711 ~ 1713：俄罗斯-土耳其战争。

1712：首都迁往圣彼得堡。

1721：取消族长制，建立圣教会。与瑞典缔结和约。

1722：建立官阶制（文武百官等级制）。

1724：成立俄罗斯科学院。

1725 ~ 1726：叶卡捷琳娜一世在位。

1727 ~ 1730：彼得二世在位。

1730 ~ 1740：安娜·伊凡诺芙娜在位。

1735 ~ 1739：俄罗斯与土耳其战争。

1741 ~ 1761：伊丽莎白·彼得洛芙娜在位。

1741 ~ 1743：俄罗斯-瑞典战争。

1757：11 月 6 日，圣彼得堡美术学院成立。

1757 ~ 1762：俄罗斯参加七年战争。

1761 ~ 1762：彼得三世在位。

1762 ~ 1796：叶卡捷琳娜二世在位。

1764：圣彼得堡冬宫博物馆成立。

1767 ~ 1768：圣彼得堡召开立法委员会会议。

1768 ~ 1774：俄罗斯-土耳其战争。

1772：第一次瓜分波兰。

1773 ~ 1775：普加乔夫领导农民起义。

1775：取消扎波罗热哥萨克人的鹿寨(自治组织)。

1783：克里米亚并入俄罗斯。

1787 ~ 1791：俄罗斯-土耳其战争。

1792：12 月 29 日，俄罗斯与土耳其签订《雅西和约》。(又据《世界历史词典》(辞书版)，应是 1792 年 1 月 9 日——译者按)

1796 ~ 1801：保罗一世在位。

1799：苏沃洛夫在意大利和瑞士征战。俄美商业公司成立。

1801 ~ 1825：亚历山大一世在位。

1805：拿破仑一世击败奥地利俄罗斯联军。12 月 2 日，奥斯特里茨战役。

1806 ~ 1812：俄罗斯-土耳其战争。

1807：2 月 7 ~ 8 日，埃劳(今巴格拉季奥诺夫斯克)战役。

1807：拿破仑与亚历山大一世签订《提尔西特和约》。

1812：拿破仑一世进军俄罗斯。9 月 7 日，波罗底诺战役。9 月 14 日，拿破仑进入克里姆林宫。11 月 27～29 日，别列津纳战役。

1813：10 月 16～19 日，拿破仑在莱比锡战役中战败。

1814：3 月 31 日，反法同盟军进入巴黎。4 月 6 日，拿破仑第一次退位。5 月 3 日，路易十八复辟。

1814～1815：维也纳会议。

1815：3 月 20 日，拿破仑从流放地厄尔巴岛（意）返回巴黎。6 月 18 日，滑铁卢战役。6 月 22 日，拿破仑再度被废黜。9 月 26 日，订立神圣同盟。

1825～1855：尼古拉一世在位。

1825：12 月 26 日，十二月党人在圣彼得堡起义。

1826：7 月，十二月党运动领袖被处决。设立陛下内庭第三厅（高级政治警察机构）。

1837：亚历山大·普希金逝世。俄罗斯第一条铁道线开通。

1854～1855 年 9 月：克里米亚战争。

1855～1881：亚历山大二世在位。

1861：2 月，废除农奴制。

1864：行政改革，建立地方议会，司法改革。

1865～1885：俄罗斯兼并中亚地区。

1873：德奥俄三皇联盟（威廉二世、弗朗茨·约瑟夫一世、亚历山大二世）。

1873～1875：民粹派知识分子"向人民进军"运动。

1876～1879："土地与自由"革命组织活动积极。

1881：3月1日，亚历山大二世被民粹派暗杀。

1881～1894：亚历山大三世在位。

1887：3月1日，圣彼得堡有人试图暗杀亚历山大三世；弗拉基米尔·乌里亚诺夫（未来的列宁）的哥哥亚历山大·乌里亚诺夫涉嫌。

1891：开始建造西伯利亚大铁道。

1891～1893：法国俄罗斯联盟。

1894～1917：尼古拉二世在位。

1894：莫斯科郊外科廷卡地区，庆祝尼古拉二世加冕典礼时发生踩踏事故，造成一千多人死亡。

1896：尼古拉二世正式访问法国。

1905：俄日战争。1月，俄罗斯第一次革命。1月22日，"流血星期日"，警察与军队在冬宫前枪杀和平示威游行群众。6月27日～7月8日，"波将金"号铁甲舰开至敖德萨起义。9月5日，俄罗斯与日本签订《朴次茅斯和约》。10月30日，尼古拉二世发表宣言，同意给予政治自由，召开立法机构国家杜马。

1917：3月15日，尼古拉二世被推翻。3月17日：组成临时政府。6月，俄国在南方战线进攻，失败。7月24日，克伦斯基任议会主席。9月，科尔尼洛夫将军企图发动军事叛乱，被红色卫队制止。9月14日，共和国宣布成立，克伦斯基任总理。11月7日，在布尔什维克领导下举行武装起义。11 月 9 日，成立由列宁领导的人民委员苏维埃，颁布《和平法令》和《土地法令》。

1918：1 月 18 日，在彼得格勒召开民选的立宪会议。

1 月 19 日，立宪会议解散。1 月 28 日，建立红军。

2 月 14 日，采用格列历。2 月，奥德联军进攻苏俄。

3 月 10～11 日，俄罗斯首都从圣彼得堡迁至莫斯科。苏维埃政府设于克里姆林宫。

3～4 月，协约国的反布尔什维克远征军进入摩尔曼斯克，日英远征军进入符拉迪沃斯托克。

5 月 25 日，捷克远征军反革命起义。

6 月 8 日，白军占领萨马拉，建立反革命政府。6 月 28 日，西伯利亚成立一个反革命临时政府。

7 月 4～10 日，苏维埃泛俄第五次会议，通过第一部苏维埃宪法。

8 月 2 日，英、美、法联军在阿尔汉格尔斯克登陆。8 月 4 日，英国人占领巴库。8 月 30 日，列宁遇刺。

1924：列宁逝世。

1925～1953：斯大林领导苏联。

1953～1964：赫鲁晓夫领导苏联。

1964～1982：勃列日涅夫领导苏联。

1979：12 月，苏联出兵干涉阿富汗。

1985：3 月，戈尔巴乔夫当选苏联共产党总书记，主张改革。

1988～1989：苏联军队撤出阿富汗。

1989：苏联实行多位候选人选举制度。

1990：在苏联建立主席制。

1991：3 月，戈尔巴乔夫当选为苏联主席。6 月，叶利钦当选俄罗斯联邦总统。8 月 19 ~ 21 日，一部分高层领导试图发动反对戈尔巴乔夫的政变。12 月，苏联解体。

1996：6 月，叶利钦二度当选俄罗斯联邦总统。

2000：3 月，普京当选为俄罗斯联邦总统。

图书在版编目(CIP)数据

巴黎与圣彼得堡三百年罗曼史/(法)费多洛夫斯基著;马振骋译. —上海:东方出版中心,2009.6
ISBN 978-7-80186-988-3

Ⅰ.巴… Ⅱ.①费…②马… Ⅲ.国际关系史—法国、俄罗斯 Ⅳ.D856.59 D851.29

中国版本图书馆 CIP 数据核字(2009)第049208号

策　　划:郑　燕　旭　子
责任编辑:郑　燕

巴黎与圣彼得堡三百年罗曼史

出版发行:东方出版中心
地　　址:上海市仙霞路345号
电　　话:62417400
邮政编码:200336
经　　销:全国新华书店
印　　刷:昆山市亭林印刷有限责任公司
开　　本:890×1240毫米　1/32
字　　数:157千
印　　张:8　**插页**　10
版　　次:2009年6月第1版第1次印刷
印　　数:1—3250
ISBN　978-7-80186-988-3
定　　价:32.00元

2023